启真馆 出品

追求真理

威廉·麦克尼尔回忆录

［美］威廉·麦克尼尔 著　　高照晶 译

ZHEJIANG UNIVERSITY PRESS
浙江大学出版社

加拿大孩童
1927 年新年，多伦多

毕业照
大学附中，芝加哥
1934 年 6 月

ECHO
The Yearly Newsmagazine

MAN OF THE YEAR
No pussyfooter he
(See Press)

Vol. III

Number 1

年度人物——《回声》年刊，1938 年 6 月

炮兵军官
波多黎各，1943 年

我的妻子与大儿子
芝加哥，1949 年

世界历史大会——空军学院，科罗拉多州，1959 年 2 月

《西方的兴起》手稿
芝加哥，1962 年

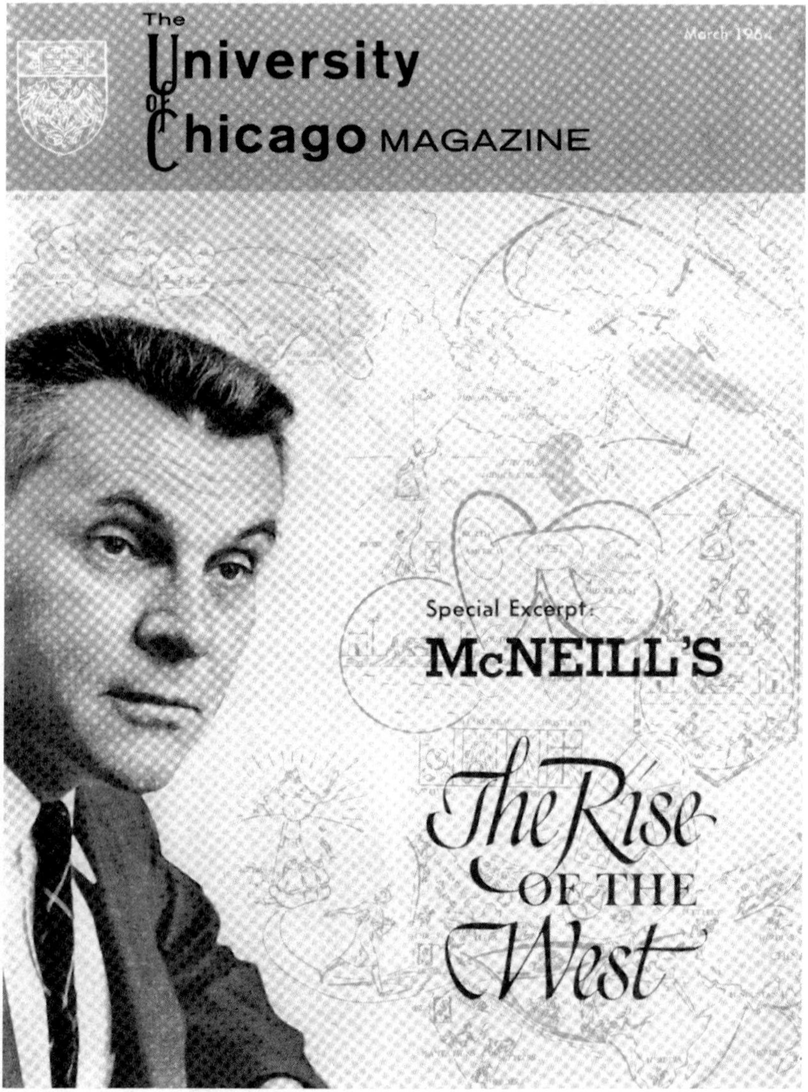
The
University
of
Chicago MAGAZINE
March 1964
Special Excerpt:
McNEILL'S
The Rise
OF THE
West

《芝加哥大学杂志》封面——1964 年 3 月

在亨利·摩尔的指挥下安放《核能》雕塑——芝加哥，1967 年 12 月 2 日

做《竞逐富强》的演讲——伦斯勒理工学院，纽约州特洛伊市，1983 年 10 月

威廉亲王颁发伊拉斯谟奖——阿姆斯特丹，1996 年 12 月 11 日

父子庆祝《人类之网》出版——马萨诸塞州大巴灵顿，2002 年 10 月

目　录

中文版序言

约·罗·麦克尼尔（威廉·麦克尼尔之子）

　　1917 年 10 月 31 日，我的父亲威廉·麦克尼尔在加拿大温哥华出生，是家族独子。我祖母出生于温哥华的一家伐木场。我祖父出生在加拿大东部的爱德华王子岛一家小农场，两人都毕业于蒙特利尔市的麦吉尔大学，1917 年祖父担任长老会教堂的牧师，一生致力于研究教会史。在祖父母时代，加拿大几乎没人上大学，他们二人凭借自己的努力与运气接受了教育，也把孩子的教育视为第一要务。祖母非常疼爱父亲，还培养了他的雄心壮志，这在当时的加拿大家庭里是非比寻常的。

　　1927 年麦克尼尔一家从加拿大移居到芝加哥。祖父在芝加哥大学攻读教会史的博士学位，1921 年完成，六年后芝加哥大学聘他为教师，因此父亲成长于芝加哥大学。1934 年，他 17 岁时，考上了芝加哥大学，并完成了学士和硕士学位，1939 年去康奈尔大学攻读欧洲史的博士学位。

i

不久，二战爆发了。1941 年 8 月父亲被美国陆军征召入伍，直到 1946 年退伍。日本偷袭珍珠港后不久，他被派遣到夏威夷，继而被派往加勒比海、北非和希腊。他的兵役从操纵大型枪支的海岸炮兵支队开始，最终于退役前在希腊政府担任武官，即 1945—1946 年为军队撰写希腊事务的报告。

战争结束后，父亲回到美国，不久完成了博士学业，与我的母亲伊丽莎白·达比夏尔结婚。她是在希腊长大的美国人，两人在埃及相识。1947 年子承父业，我的父亲成为芝加哥大学的老师，直到 1987 年退休。他退休后移居到康涅狄格州西北部科尔布鲁克的小乡村——母亲的老家，2014 年之前一直在那里生活。父亲 97 岁那年，由于年老体弱，我们把他安置在附近城镇的养老院。

本书叙述了父亲的一生，着重描述了他的思想和学术历程。甚至到耄耋之年，父亲仍是一位非同寻常的思想者和学者。退休后，他开始修剪花园的花草，在这之前他并没有业余爱好，尽管他有时爱玩一种网球。他很少说话，也不做家务，除了周六早晨用三个小时修葺漏雨的房顶，铲铲冬天的雪，扫扫秋天的落叶，换换生锈的管子，或者做点房子所需的其他事务。（他擅长使用锤子或锯子，因为童年时，每逢暑假他就在爱德华王子岛与祖父母生活。）从 1947 到 1987 年父亲一边教书，一边出版著作以阐述自己关于人类史的思想。1987 年他退休后继续长时间工作。他（与祖父母）常年伏案工作，培养了其坚持不懈——sitzfleisch，他常说这个德语单词——的精神，他一直工作，直到年老体衰无力继续。

正是如此坚持不懈、孜孜不倦的工作，才有了威廉·麦克尼尔的20多部著作（部分已有中译本）。本书是他的新作，原于2005年在美国出版。这本书解释了他撰写该书的初衷，以及从大学时代到晚年他的思想经历了怎样的演变。这本回忆录最有趣味的是，他在书中回顾了自己的著作，评价它们的价值、不足以及他人对它们的回应。

父亲威廉·麦克尼尔作为历史学家最杰出的成就是支持世界史。在他年轻时代，在美国学习历史意味着学习美国史和欧洲史。正如他在本书阐释的，他的视野得以扩展得益于一个偶然机会，有一次他在康奈尔大学图书馆读到英国历史学家阿诺德·汤因比的著作。1934年，汤因比的《历史研究》前三卷业已出版，作者从宏大的视野揭示了对很多地域文化史的认知，不仅仅局限于欧洲和北美。汤因比重视中国和日本、印度和伊斯兰世界，一定程度上还包括非洲和前哥伦布美洲等地区的研究。父亲受到这一世界主义的启发，不久便立志书写一部全球范围的历史。20世纪50年代他开始着手这项任务，尽管当时还是芝加哥大学比较年轻的教授。

三本书奠定了威廉·麦克尼尔在史学界的声望，一定程度上在美国建立了作为合理的学术志业的世界史学科。它们分别是他的人类总体史《西方的兴起》（1963），人类史上的疾病研究《瘟疫与人》（1976），对世界历史中军事组织和技术的研究《竞逐富强》（1982）。这三本书都强调人类共同体的相互联系，这些书和几乎他所有著作皆反对国别史的传统。

国别史的传统在威廉·麦克尼尔年轻时代影响深远，时至今日仍然有相当大的市场。但是当下影响力渐趋减弱，这离不开他的贡献。他——和为数不多的其他人——揭示了全球范围的历史应当利用二手材料，而不只是从原始语言记载的原始资料出发。从思想和学术的角度而言，我们仍然认可这一观点。

这本回忆录叙述了威廉·麦克尼尔职业生涯的成就、满意与失意。他最大的满足是世界史的正当化，尽管还不尽完美。从20世纪50年代至今，美国越来越多的学校和大学将世界史视为适合学生的入门课。精英大学对世界史最不感兴趣，但是在21世纪的今天，它们也在很多情况修订了学校课程。同时，美国的学术史见证了半个世纪以前父亲从事的那种全球视野的著作数量的增加。今天，越来越多的历史学家认为世界史是一个值得研究的方向，越来越少有人因为它不是基于对档案和原始材料的小心求证而视其为非专业而抛掷一旁。

威廉·麦克尼尔最大的失意是，他退休后，芝加哥大学不再开展世界史教学。他简要地在后文（见第139页）讨论了这一问题，但是这件事对他来说比在书中所透露的更重要。他曾经（现在也是）深爱着芝加哥大学，到 1987 年不管作为学生还是教授，父亲已经在那里度过了 70 载，包括一生中最美好的时光，父亲工作勤勤恳恳以期改善芝大，尤其是在 1960 至 1966 年担任历史系主任的那几年。正因如此，1987 年以后，他感觉遭到汉娜·格雷的背叛，后者时任芝大的校长。在回忆录里，其他不满意的事情——遭漠视的著作，鲜有人听的讲座——在这一问题面前不值一提。

　　通读这本回忆录，读者将会认识到威廉·麦克尼尔对其著作的自豪以及对其加拿大和苏格兰祖先的自豪。他们认识到他职业上的得意与失意，认识到美国学术机构过去和现在如何运作，认识到他在推动美国世界历史事业所发挥的作用，更会深切地认识到威廉·麦克尼尔的思想贡献，最为重要的是对人类史学科的贡献。

全球史的奠基者威廉·麦克尼尔

刘文明

　　威廉·麦克尼尔于 1917 年生于加拿大的温哥华，10 岁时随父母移民到了美国芝加哥，此后便与芝加哥结下了不解之缘，学习和工作的大部分时间都在这里渡过。麦克尼尔的父亲也是一位历史学家，在麦克尼尔的孩童时代，父亲常常在睡觉前为他读一段历史书，因此他自幼受到历史学的熏陶，1934 年进入芝加哥大学读书时选择了历史学专业，并在该校获得硕士学位。1939 年秋，麦克尼尔前往康奈尔大学，准备在卡尔·贝克尔教授的指导下攻读博士学位，然而，贝克尔身体欠佳影响了教学，于是麦克尼尔在菲利普·莫斯利教授的指导下着手准备博士学位论文，主题是马铃薯在欧洲尤其是爱尔兰历史上的作用。但是，美国参加第二次世界大战中断了他的学业。1941 年他被征召入伍，抛下准备中的博士论文，成了一名炮兵战士，先后在夏威夷、波多黎各和库拉索岛服役。1944 年，麦克尼尔在莫斯利教授的推荐下，成了美国驻希腊大使馆的一名副武官，亲历了希腊内战。他的军旅生涯历时 5 年多，到 1946 年 11 月才以上尉军衔退伍。麦克尼尔是一个兴趣广泛和勤于思考的人，军旅生活日后便成了他多部著作的灵感来源，例如《希腊困境》、《竞逐富强》、《齐力一心》等著作都与这一经历息息相关。麦克尼尔在 1946 年退伍后回到康奈尔大学继续完成他的博士论文。但是，他放弃了最初设想的马铃薯问题，而是探讨人口变化与政治经济变迁的关系，于 1947 年获得博士学位。随后他到芝加哥大学任教，主要从事西方文明史和世界史的教学和研究，也曾担任历史系主任，在那里一干就是 40 年，直至 1987 年退休。

麦克尼尔是一个创造力旺盛和多产的学者，著作等身，从这本回忆录的附录中可以看到，他撰写和主编的著作多达 35 部，还有数十篇不同领域的论文。在这些论著中，《西方的兴起》、《瘟疫与人》、《竞逐富强》、《人类之网》等影响巨大，尤其是《西方的兴起》和《瘟疫与人》堪称其代表作，因此这两本著作的出版也成了他回顾自己人生经历时的阶段性标志事件。麦克尼尔对世界史的理论贡献，可以概括为两个方面：一是强调不同文明间的互动是世界历史发展的主要动力，主要体现在其《西方的兴起》、《世界史》和《人类之网》；二是提出了人类社会组织及其运行中的"微寄生"和"巨寄生"现象，主要体现在其《瘟疫与人》、《竞逐富强》和《人类状况》。

麦克尼尔认为，人类历史上不同文明之间的碰撞与交流是世界历史发展的主要动力，因此他在撰写世界历史著作时，都围绕着文明互动来组织和叙述。《西方的兴起》全书分为3个部分，即公元前500年之前中东主导的时代、公元前500年至公元1500年欧亚文化的均势、1500年至今西方主导的时代，用中心与边缘之间文明互动和文化传播来解释世界历史的变迁。《世界史》全书分为4个部分，包括公元前500年之前世界古老文明的形成及概况、公元前500年至公元1500年各文明的平衡发展、西方主宰世界、走向全球大一体，这一框架明显由《西方的兴起》发展而来，文明互动仍然是理解和叙述世界历史变迁的核心工具。《人类之网》是麦克尼尔晚年与儿子合作的著作，他受到世界体系理论的启发，认为在世界历史进程中各文明之间的联系日益加强并成为一个整体，尤其是欧亚非范围内跨文明的联系实际上构成了一个"世界体系"，因此他在该书中将文明互动作了网络化的叙述，提出"相互交往和相互影响的人类网络的发展历程构成了人类历史的总体框架"。这是他对自己早年提出的文明互动理论的进一步发展，对此他在回忆录中满意地说道："《人类之网》比之前接触到的书对文明进程提供了一种更敏锐、更公正的叙述。我在本科时代渐渐领会作为一个整体的人类历史，1940年在康奈尔大学第一次阅读汤因比著作时拓宽了视野，1963 年写《西方的兴起》时实现了最初的学术构想。我把《人类之网》视为自己成就的合适高峰。40 年后，我儿子和我编织了一部改进的、修正的、浓缩版的人类历史。其他人有权评说此书，但是我生平的雄心壮志如今已竭尽全力并心满意足地实现了。"

"微寄生"和"巨寄生"是麦克尼尔借用生物学和生态学来理解人类社会的两个重要概念。"微寄生"是微生物寄生在人体中形成的寄生关系。当人类感染病菌之时，刚开始时会由于病菌的影响而感到身体不适，但如果人体中一旦形成对该病菌的免疫力，就会在人与病菌之间达成一种平衡，即微寄生平衡，作为寄生虫的病菌与作为寄主的人"和平共处"。麦克尼尔将微寄生模式与人类社会组织相比较，将人类社会中的统治与被统治、剥削与被剥削的关系，比喻为"巨寄生"，并以此来解释人类社会组织。微寄生由微生物与人的关系构成，巨寄生则由人与人的关系构成。麦克尼尔认为微寄生与巨寄生颇有相似之处。在微寄生中，寄生虫要想生存下去，就不能将寄主杀死，从而在寄生虫与寄主之间达到共生的微寄生平衡。巨寄生也是如此，巨寄生中的统治者不会采取杀鸡取卵的方式来获取利益。剩余产品可以看作是人类巨寄生中的抗体，一个成功的政府会使得交纳租税的人民具有抵御掠夺的免疫力，这种方式就像寄主因轻微感染而具有抵抗致命疾病的免疫力。麦克尼尔在《瘟疫与人》中从微寄生角度考察了文明互动中的疾病传播，而在《竞逐富强》中则以类似的方式阐述了人类社会中的巨寄生现象，他在该书前言中说道："病菌是人类需要对付的最主要的微寄生物，而我们的最主要的巨寄生物则是其他一些人，这些人擅长施行暴力，自己不必生产粮食和其他消费品就能维持生计。因此，对人类群体中巨寄生物的研究就转为对军事力量的组织，尤其是对军人使用的装备种类变化的研究。装备的改变能够不时地开辟新地域，或借武力打破寄生社会内部原有的界限。从这个意义上来说，武器装备的改变和微生物的遗传变异相似。"因此麦克尼尔自称《瘟疫与人》和《竞逐富强》是姊妹篇。另外，麦克尼尔在《人类状况》一书中对微寄生与巨寄生现象作了历史概述，分析了人类社会变迁中不同时期的传染病模式与巨寄生形式。

麦克尼尔毕生追求和倡导反映大规模历史进程的世界历史，并且从小便具有审视历史的宏观视角。他在读小学时，就曾在一次与父亲的对话中，从比较角度提出英格兰和苏格兰的中世纪王国落后于法兰西王国，试图从不同的国别史中寻找共同现象。因此他回忆说，他从一开始便寻求大规模范式，这在10岁之前就已显露出来。1947年他到芝加哥大学工作，主要从事西方文明史教学，于是他将西方文明置于世界背景下来理解和讲授，编写了教材《西方文明史纲》，为后来《西方的兴起》一书的写作奠定了基础。《西方的兴起》在美国世界史的发展历程中具有里程碑的意义，这一意义正如麦克尼尔在回忆录中所说："《西方的兴起》成为里程碑式的书，其原因在于它表明了不同的事实、不同的相互关系和不同的理解如何从全球范围的历史探究中呈现出来。仅仅通过跨越边界的审视，通过探究被分割开来的关于世界不同地区的历史知识，以前未意识到的各种关系和似是而非的联系就一下子展现了出来。由此，不同于文明史和地方性国别史的世界历史开始出现。"1964 年，《西方的兴起》获得了美国"国家图书奖"。当然，当时的麦克尼尔并不满足于仅仅自己从事世界史研究，他也希望将自己理解的世界史传授给学生，因此在芝加哥大学开设了世界史课程。为了配合教学，麦克尼尔于 1967 年撰写了教材《世界史》，并在随后几年与他人合作编写了 12 册《世界史读本》。然而，芝加哥大学的世界史教学于 1987 年随着麦克尼尔的退休而一度中断，主要因为这门课程由麦克尼尔单独讲授，没有形成一个教学团队，因此他退休后便后继无人。不过，这种情况也与世界史在当时美国高校中的境遇有关。20 世纪 60—80 年代，在美国高校开设的历史通识课主要是西方文明史，只有极少数高校开设世界通史。当时美国的大多数历史学者认为，世界史涉及的时间和空间范围都太大，不可能作为一个领域来研究，因此也不适合在高校讲授。这样，20 世纪 90 年代之前，世界史在美国高校中还没有成为历史学中一个独立的分支学科，像麦克尼尔这样倡导世界史的学者最初在美国史学界中处于边缘地位，他的芝加哥大学同事也没有兴趣参与到其世界史教学中来。不过，麦克尼尔对世界史的追求和倡导逐渐得到主流史学界的认可，他于1984—1985年被选为美国历史协会主席。到20世纪90年代以后，世界史教学和研究在美国高校逐渐发展起来，一些高校出现了培养硕士和博士的项目，杰里·本特利等人创办了《世界史杂志》，世界史著作也越来越多，这意味着在美国形成了一支从事世界史研究和教学的队伍，独立的世界史学科也就在美国出现了。时至今日，世界史在美国蓬勃发展起来，这离不开麦克尼尔所做出的开创性贡献。美国世界历史学会为了表彰他在世界史方面的贡献，于2009年授予他"世界史先驱奖"。

麦克尼尔之所以在世界史探索方面取得杰出成就，离不开他身边人的帮助或影响。他的妻子伊丽莎白·达比夏尔可以说是一个语言天才，精通希腊语、法语和德语，也能说意大利语和西班牙语，还懂得一点土耳其语，麦克尼尔称她是"最值得信赖的校对者、评论者与合作者"。英国历史学家阿诺德·汤因比是麦克尼尔岳父的好朋友，这层关系使得麦克尼尔有机会与汤因比交往并一度受邀合作。麦克尼尔坦言，他以文明为单位来叙述世界史是受到了汤因比《历史研究》的影响，但他也指出了《历史研究》中忽视文明互动这一不足之处。美国人类学家雷德菲尔德也对麦克尼尔产生了较大影响，在他的引导下，麦克尼尔阅读了大量的人类学著作，并从中吸收借鉴了有关文化模式和文化传播的概念和理论。此外，路德维柯·巴克霍夫、费尔南·布罗代尔、马歇尔·霍奇森、阿尔弗雷德·克罗斯比、伊曼纽尔·沃勒斯坦、约翰·古德斯布洛姆、李约瑟等人的研究都不同程度地对麦克尼尔产生过影响。当然，从另一角度来说，这是麦克尼尔的虚心好学使他吸收了大量他人的思想成果。

麦克尼尔在这本小册子中将自身的生活经历和学术生涯融为一体，娓娓道来，给我们展示了一个历史学家执着追求世界史研究和教学的人生历程，同时也从个人经历诠释和反映了世界史研究和教学在美国从无到有的历史，因此它既是一本历史学家的回忆录，也是一部美国世界史兴起的学术简史。麦克尼尔在美国扮演了世界史播种者的角色，正是他的不懈追求、倡导和推动，才有了今天美国在世界史领域取得的丰硕成果。

麦克尼尔毕生追求探索世界史并取得了举世瞩目的成就，为什么说他是"全球史"的奠基者？这还得从中美两国不同的语境及学术传统说起。中国自20世纪50年代以来就在苏联的影响下建立起了世界史学科，但中国人所说的世界史是指中国史之外的外国史，国别史和地区史构成了它的主体，比如说英国史、美国史、日本史、欧洲史、东南亚史等，都是世界史。在美国，20世纪90年代之前虽有"世界史"这一名称，却没有世界史这个学科，对外国史和地区史的研究大多放在"区域研究"这一名目之下，因此以麦克尼尔为代表的学者所倡导的"世界史"，不是以国别史和地区史为研究对象，而是考察跨国家、跨地区、跨民族、跨文化的文明互动现象，也就是说，英国史、日本史、欧洲史等研究不属于"世界史"，这种"世界史"从概念到内涵都不同于中国的"世界史"。这样，当美国的"世界史"作为一种全球化背景下的新史学思潮传播到中国时，中国学者为了对中美不同语境下的两种"世界史"有所区别，往往将麦克尼尔等人倡导的美国式世界史称为"全球史"。因此，美国学者所说的"world history"不是中国的"世界史"，而是我们所说的"全球史"，与"global history"没有多大差异。在麦克尼尔这本回忆录的中译本中，译者按照习惯将"world history"译成了"世界历史"或"世界史"，但读者应该注意从美国语境来理解它的含义。

本书译者高照晶正在攻读历史学博士学位，硕士毕业于全球史方向，对麦克尼尔有一定的了解，因此承担这一翻译工作是比较合适的。她希望我写一篇序言简要介绍一下麦克尼尔，以帮助读者更好地阅读和理解本书，因此便有了我上面这些文字，是以为序。

2015 年 1 月 22 日于首都师范大学

前　言

　　这本回忆录历经数载才形成现在的文本。我的孩子们读到 早年的手稿时，他们反对出版，理由是该书过于狭窄，不过是个人性质的传记，无益于公众。于是，我决定扩展本书的适用范围，令他人从中受惠，如此一来我就将我的经历与知识界的发展联系起来书写。

　　2003 年 1 月，我尚未动笔修改早年的手稿之前，肯塔基大学出版社的斯蒂芬·瑞恩邀请我撰写我职业生涯中"历史学界变迁简史"。我答复说我正打算写一本个人性质的传记，它将关注世界历史如何发展，而不是历史学界整体的变迁，但是也会涉及一般问题。尤其是，我旨在反驳一种偏见，这种偏见使大多数历史学家不认可世界历史，其理由是，利用所有原始语言记载的原始资料来书写整个世界的历史，没人敢保证其准确性。

viii

　　我至今无悔地主张，与早期历史学家获得的认知相比，利用推论和大量的想象实际上能够更恰当地理解宇宙与人类的历史。我甚至相信这是 20 世纪知识界取得的最重要的成果。不胜枚举的宇宙学家、物理学家、数学家、人类学家、社会学家、生态学家、动物行为学家和其他领域的专家做出了他们的贡献；少数虚张声势的知识之士打前锋，将自然史与人类历史结合起来的一种进化的世界观初具雏形。这种世界观对未来的几代人而言或许有说服力——或者依然没有。

　　我将个人角色限定在人类史，并且我只是芸芸众生中的一个。后人将会发现今天看似很有说服力的观点存有缺陷；但是不可否认的是，把人类历史视为一个整体的信息与理解，在过去 60 载大大扩展了他们的视野与准确性。记录个人为此做出的努力并描述形塑我的观念的部分遭遇对于所发生的事实是一种局部的、主观的书写。一种新兴的进化世界观把人类深嵌于进化的生态与自然背景之中，如果这被证明有吸引力的话，那么，这种以一个参与者的身份书写的个人证词或许便具有了合理的出版理由，尽管或即使它不得不讲述这个另类的、带有偏见的故事。

第一章

孩提时代至第二次世界大战
（1917—1941）

　　1917 年 10 月 31 日我出生在加拿大不列颠哥伦比亚省的温哥华。那日恰巧是德国新教改革发端的 400 周年纪念日。那时我的父亲正在威斯敏斯特新建的长老会学院教授教会史，他留意到这一事实，颇感满意。在后来的生活中，更令我铭记于心的是，我出生一周后，列宁领导了俄国十月革命——别样的、更迅猛的、划时代的历史事件。

　　我并未因这些巧合成为历史学者，反而是我父亲，他通过训练成为中古史学家，把研读西欧的基督教会史作为本职工作，授课和著书所涵盖的时间跨度从君士坦丁堡时期延续到 20 世纪。1912—1913 年他在爱丁堡学习普世教会史，还获得一年奖学金。他确信使得争论不休的新教教派联合的因素远比致其分裂的神学争论重要得多。此后，父亲力图把教会史转向探究使基督教合一的共通性，而非以此展现某一教派是如何保持其真正信仰的。自宗教改革以来，教会史学家一直在探究教派联合的问题，所以几个世纪以来学者已经放弃对该问题的研究。

一种促成合一、跨越教派的教会史在 1912 年有点新奇，甚至激进。宣传这种基督教会史成为父亲毕生的工作，我最终开始意识到自己作为世界史学者的职业几乎仿效了父亲的职业。我一生致力于探究文明的边界，一如父亲曾经探究教派的边界一般。但是经过很长一段时间，我才淡忘年轻时在有关思想与个人方面与他的分歧。父亲及其他学者共同影响了我，特别是对历史的看法，总体而言，形成了我的世界观。实际上，这篇回忆录尽力恰如其分地评价他们的影响。

我的父亲是来自加拿大爱德华王子岛的农场男孩，在校学习成绩优异，继续攻读大学，之后成为一名长老会牧师。他把神学训练与大学所习结合起来，首先在麦吉尔大学获得英语硕士学位，1920 年在芝加哥大学获历史学博士学位。我母亲内特·哈迪的经历更加非同一般。她出生在加拿大另一端的温哥华岛，是苏格兰后裔。她也就读于麦吉尔大学，和我父亲一样，毕业时是班级里致告别辞的出色毕业生。那时的加拿大，一位女性读大学是很不同寻常的，尤其是像我母亲这样来自不列颠哥伦比亚省未开发的边疆社会的人。在那里的几乎每个人眼中，高等教育与异域学生无关。但是一位备受爱戴的女教师曾在新斯科舍省念过大学，她激励着母亲攻读大学学位。在这位女教师的鼓励下，母亲志存高远，这驱策她横穿大洲考入麦吉尔大学，因为那时不列颠哥伦比亚省没有颁发文科学士学位的大学。一位富有的叔叔资助她这项冒险事业，而这困扰着她的父母。他们认为，作为最大的孩子，我的母亲应该守在闺中，帮忙抚养八个较小的兄弟姊妹，直到她出阁嫁人方可离家。

　　母亲结婚仅九个半月便生下了我，这让她既尴尬又欣慰。总之，这意味着她被居住在爱德华王子岛上的祖父母欣然接纳到麦克尼尔家族，纯粹因为她孕育了一个男丁可以延续家族香火。实际上，我令其归属于一个新的家庭，一个尊重甚至对接受高等教育崇敬有加的家庭。因为我的祖父母支持、佩服我父亲的事业，即使这将意味着他们唯一幸存的儿子以后不能帮助他们料理农活，待祖父衰老时亦无法继承家族农场。

　　所以，对于母亲而言，我不仅是她最年长的和唯一的儿子，更是一张获得一个新的且受欢迎的家庭认同的票单。于是，我成了她的命根子。在随后几年，因父亲太忙无暇照管家务，母亲时常让我代替父亲做家务活。她还陪我读完高中和大学，那份热望无人能及。我平素深受母亲的影响，迟至1939年才离家去康奈尔大学攻读博士学位。所以很久以来我都是妈妈的乖宝宝，沐浴在她的宠爱之下。我还认为自己鲁莽而飘忽不定的性格大多遗传自母亲。父亲的语言技能优胜我几筹；他治学更

3

4 加严谨、考究，总而言之，与我轻率、推测的倾向相比，他更紧扣文本。我母亲的想法也很大胆，富有想象力——我住家斟酌新想法时，在我看来母亲已是如此。或许，这只意味着在我的青春时代我指责她的想法时，她竟然专心致志地倾听这种幼稚离奇、自以为是的评论。在以后的岁月里，她改变了，明显变得虔诚，甚至羞怯；但是随着我进一步了解她，我发现她像一位朋友，乐于接受我很多不成熟的想法。

上幼儿园之前，母亲在家教我读书识字。我很顺从她，学习也早于我的妹妹伊莎贝尔。她比我小一岁零一个月，在早期教育阶段却比我优秀得多。不管怎样，我也爱读书。十岁那年我们从多伦多移居到芝加哥，在此之前，我已经读过除《威弗莱》之外沃尔特·司各特的所有小说以及很多其他的长篇著作。父亲和母亲每晚睡前都会给我大声朗读一个小时或更长时间的作品，有小说和诗歌，还有《圣经》里的赞美诗和节选。他们为我们朗读的作品以苏格兰历史和文学为主，还补充一些极具爱国主义情怀的加拿大著作。

主日学校几乎不能给予我思想激励，但是1922年至1927年我还参加了多伦多布鲁尔街长老会教堂的成人活动，在那里我有幸聆听乔治·皮金牧师的布道。他给我留下了深刻的印象，肩膀宽厚、声音低沉、身高超过六英尺。更重要的是，他坚信自己对基督真理的阐释，每周为周日课程摘选圣经文本并给出逻辑严密、组织审慎的评论，然后周日那天为大家讲述。有时上完课我和父亲一起进餐，他便要我总结本次布道。我仍然能够记得乔治·皮金的逻辑和修辞如何使总结变得易如反掌，他首先宣读将要阐述的三四个要点，然后逐一释义，结束之时再次对本次课程进行总结。实际上，他的布道就是思想论述的典范——明晰、简洁、精确、沉稳而雄辩。

5

　　总而言之，作为一个小男孩，我深深地且真诚地沉浸在英语的言辞中，收放自如。请注意，精确从来不是我的强项。早就学会了一眼便阅读半行字的我对单词拼写历来不重视。这是为了追求速度，也说明我从未仔细地看过某个单词，而且如果我第一次就搞错了它的拼写，那么便将错就错地记下了它。由此，甚至到了大学，我还用"seperate"这个拼写，因为这个单词就是这么发音的。有一次理查德·麦基翁教授在黑板上书写"separate"这个单词时，我竟禁不住去纠正他。

　　相反，从一开始我便寻求大型范式。打个比方，有一天在多伦多大学我和父亲一起去他的办公室，向他提出了一个刚形成的想法以作试探，即英格兰和苏格兰的中世纪王国落后于法兰西王国，因为它们各自的开拓者阿尔弗雷德大帝、大卫王和查理曼大帝的统治相隔约莫一个世纪之遥。与我的期待相反，父亲没有认同我，但是他既没有驳斥也没有赞同我的妙想。无疑，他看出了该想法的荒谬之处，因为查理曼大帝是日耳曼人，从任何富有意义的观念来看，他都不可能建立法兰西君主制。从后续的丹麦征服与日耳曼征服而言，声称阿尔弗雷德大帝是英国君主制的创建者与其说是历史事实，不如说是 19 世纪盎格鲁一撒克逊人虔诚的虚构。父亲没有这样解释，令我颇感失望的是他也没有认同我的观点。如果他告诉我为什么错，我在想我会如何应对呢？我喜欢这样想，或许我能够接受纠正呢——但是他没有让我接受考验，大概他全神贯注于自己的思想，或者害怕破灭我孩子气的热情。

尽管如此，这依然是我目前记忆里第一次得出的原创性历史学观点。显然，我试图整理思路以从各行其是的国别史中发现共同类型。这些国别史是 19 世纪爱国主义历史学家建构的，我大多通过睡前阅读了解到它们。（比如，我仍然记得，说服父亲给我们阅读一位名叫布朗的教授撰写的《苏格兰简史》——仅限于政治史，我两位妹妹对此了无兴趣。）不管怎样，架接起不同领域的论述这种单纯想法令我执着一生，它在我十岁之前便已显露出来，意识到这点有点令人惊讶。很久以来，我以为其他所有人都陶醉于宏观视角，他们和我同样急不可耐地要理解整个世界。确然，我仍认为他们应该如此。

整体而言，学校功课对我来说是小菜一碟，但是很少涉及思想激励。1927 年我们移居到芝加哥，我从多伦多休伦街公立学校学到的地理知识比芝加哥大学实验学校的小学生丰富很多，并且像数学这种课程，我在同龄人中名列前茅。我喜欢年轻俏丽的五年级老师艾达·德彭希尔，最初被分配给这位老师指导。几周后，我的学业总体水平达到了六年级的水准，跳到六年级。但是我立刻拒绝了新老师，很快说服学校让我回归到五年级的同龄人之间那种轻松自如的环境中。

在以后几年，我顺利上学，毫无困难亦毫无激情。我记得学会的最主要的本领就是写文章之前如何制定提纲。这是"单元体系学习"的规定，盛行于当时的实验学校，而在多伦多却不被知悉。于是，我第一次在德彭希尔夫人的课堂上了解到这些。我们刚学完罗马帝国的衰落这一单元，德彭希尔夫人在黑板上板书了两个罗马数字标出的主要标题"内部原因"和"外部原因"，然后向我们征求一级标题之下的二级标题，标出 A、B、C 等。她的设计简明、逻辑完整，我仍记得当时的喜悦之情。

以后的岁月里，我养成了预先制定提纲的习惯，这在我着手写文章和著书时大有裨益。德彭希尔夫人退休一段时间之后，我曾有机会提及自己从她那里受惠，她告诉我说，制定提纲是她曾经经常担忧之事，在学生面前这么做，她从来没有把握。或许如此：当然，她给出的并且我如此热诚支持的这种方案，本身不具有洞察力。但是我始终不渝地坚信，在写作之前勾勒主题提纲，从头至尾地审视其整体与部分，是实验学校传

7

授给我的最重要的技能。

　　课堂上只有两次新的领悟突然来袭，至今仍记忆犹新。一次是高一数学课上，名叫斯通先生的老师正讨论一个代数问题，他在黑板上写下的文字和符号使我猛地开悟了。但是我记不清这个问题确切的本质，只记得瞬间理解的火花以及伴随而来的暖心的满足感。第二次这种时刻发生在大学初，那时哈钦斯与莫迪默·阿德勒校长提问了关于柏拉图《理想国》的问题，又一次提升了我的理解力。我意识到两篇矛盾的章节之间的一致之处，这次我举起手来对此进行了解释，他们和我自己都很满意。如今我又一次忘记了细节，只能回味即时发现——把曾经孤立的事物联系起来，意识到明显存在对立的事物之间的统一——的雀跃之情。

　　大多数突如其来的类似领悟与想象的思维跳跃是我勤奋笃学、渴望课业优秀的意外收获。高二那年我选修了巴纳德先生的古代中世纪史，他的课堂作业首先需要的是真正的激情。我们使用的是他编写的紫色封面的教科书，他上课的习惯是重复该教材上的事件，然后错误重重地编造，甚至越来越贸然地捏造，直到有学生意识到他的所为而纠正他。这当然是一个会引起我的注意的游戏，在每单元学习结束之时他要求写一页纸的论文，这是第一件真正挑战我的事情，因为我必须择选并组织最重要的知识点，然后把它压缩到被要求的言简意赅的文章里。从那时起，我以追求学业上的优异来转移即将来临的性冲动，因此，毕业之时，我在四年级名列第二。

一个周日的早晨，我坐在海德公园联合教堂的家庭席位上，百无聊赖地拧我旁边座垫上松动的按钮，心中暗想，"我不信奉上帝"。那日我明显且突然地偏离了父母的轨道。数月前我参加了坚信礼课程。然而，我们的牧师道格拉斯·赫顿求助圣安瑟伦（卒于1109年）的"本体论"[1]来证明上帝的存在时，他完全没有令我信服。反之，在我看来，这个论点是语言的滥用。尽管我应时接受了按手仪式，也从未与我的父母或其他人讨论过基督信仰，但是道格拉斯·赫顿没有说服力的论点已经在我的思想里种下了怀疑的种子；我没有理由认为在那个早晨我听到的他那动情而又激励人的说辞比乔治·皮金牧师在多伦多讲道坛体现的冷静笃信更有说服力。这种平衡被颠覆了，令我个人私下里排斥父母所珍视的基督教信仰。尚读高中时我便冒出了这种想法——大概是1932年——并且老实说，这标志着我开始独立理解这个世界，不依赖于我的父母、老师、教会权威或传统。

当我心中暗想"我不信奉上帝"时，我在拒斥一种观念，即人类或类似人类之万物是宇宙的主宰。突然，我感觉这种想法简直荒谬透顶。繁星点点的苍穹的有限范围、地球的微小、簇拥其表面的更渺小的人类生命，这使我难以假定人类是以上帝影像创造出来的。毋宁说，人类根据自己的形象创造了基督上帝，预设了宇宙之上有一位虚构的严厉而（有时）慈爱的圣父。多么荒谬，多么危险，（有时）多么令人欣慰！但是我在青春年华以及整个成年阶段，享受着安逸而惬意的生活，不需要宗教信仰、凶兆或慰藉，所以我年轻时对宗教的质疑从未改变。

在 1933—1934 年，几乎同一时期，我参加了芝加哥大学校园的全面发展大学课程。这是哈钦斯校长试验的一部分，他想看看把高中最后两年与大学前两年的学习结合，是否有可能将他所称的"通识教育"打造成一门更严谨的课程。他希望这样能够为成年人与市民提供理性与哲学的指导，以取代他成长过程中摒弃——与后悔摒弃——的日渐消失的宗教笃信。通识教育的规划主要体现为四门概论课程，1930 年哈钦斯接任校长职务之后即刻被引入。讽刺的是，这套方案早已由其他两位校长制订，尽管他们不认同哈钦斯的哲学诉求。哈钦斯开始整顿现行的课程模式，有人（可能是高中校长）判定人文学科的概论课程将最适合高中高年级学生选修，我正巧是被选中的少数学生之一，从 10 月到次年 6 月上课，为期九个月。在历史系研究生尤金·安德森的引导下，我默默地与其他数百人在曼德尔礼堂上课，一周听三次讲座，每周一参加讨论。

人文课程的设计者兼首席讲师是费迪南德·舍维尔，一位年过花甲的历史学教授。舍维尔教授深受德国学术熏陶，其本人偶尔从事观念史研究。他让新生阅读被当作传递着后续时代欧洲精神载体的欧洲文学、艺术和音乐等著作节选，俨然把人文学科的入门课程教授成西方文明史。

　　周复一周，阅读及那门课程的其他活动启发了我，因为我是在接受视域相当狭窄的苏格兰长老会礼仪的正典过程中被严格地培养长大的。例如，只有阅读了安瑟伦的《上帝何以化身为人》，我才明了原罪、恩赐和吃上帝与耶稣的血肉获得救赎的基督教教义——我的父母及我听过布道的牧师们如何在这一蹩脚的教义面前战战兢兢，竭尽全力地敬畏着，这就是令人难以置信的证据。类似的，福楼拜的小说《包法利夫人》首次引起了我对背弃婚姻的可能性的注意。尤金·安德森把马蒂斯以一圈扭曲的裸体女子为主题的画作《舞蹈》（1909 年）复制品带进课堂，还让我们对此画展开讨论。我同样记得（还一起承受了）他的行为引发的强烈的尴尬感。另外两个时刻也铭刻在我的记忆里：年轻的哲学老师奥斯伯恩开展的关于苏格拉底的生平与死亡的讲座，和他另一场关于耶稣的生平与死亡的类似讲座。他视两者为最值得尊崇、影响力巨大的伟人——一种对我而言颇具吸引力的新观点。

　　后来，我在芝加哥与其他学者协同设计一门别样的西方文明史课程，这时我恍然大悟，舍维尔的课程是基于信仰与理

11

性、异教徒的希腊与基督教罗马、圣贤苏格拉底与圣保罗这种二分法设计的。他打算与我们探讨的正是这些文化遗产，他和我们几乎所有其他老师无一例外地支持世俗一方。高三我已然接触到了卡尔·贝克尔当时用全新的教科书形式编写的更严格意义上的世俗化的现代欧洲史。贝克尔赞美法国式的启蒙运动，并颂扬该运动传播到美洲海岸而形成的现代大事件，他顺势将宗教从其后历史记载中剔除出去以摒弃宗教。实际上，舍维尔的人文课程旨在把同样世俗的、理性的视角扩展至欧洲古代与中世纪历史，如此一来，它为我打开了广阔的新视野。在人文课程的讲座、阅读与讨论课上我没有做笔记，可能因为没有人告诉我这么做，但是我清晰地领会到这点，结果在综合考试中我得了 A。

12   参加这次课程的经历使我坚信芝加哥大学是我追求真理、拓宽我对世界历史的理解之去处。由于住家比住在其他地方的食宿价廉，部分因这一缘由，加之顺从我父母的意愿，走读就自然而然了。1934—1935 学年注册时间来临之际，我手握高中毕业证书出现在巴特拉特体育馆，未经任何入学手续——往后的入学手续成为强制性的——便被接纳为芝加哥大学的学生。但是那时经济大萧条很严峻，每一个超出限额的学生就意味着每季度多交 100 美元的学费——对我和我的父母来说，这笔钱相对容易支付。总而言之，与我的孩子所面临的求学问题，即与下一代相比，我那时上学容易得多。

1934—1938 年的大学生活催人奋进。那时我确信芝加哥大学本科生教育是全国一流的，而且始终如一地坚信之，即使目前看来四门概论课——人文、社会科学、生物学与物理学——存在弊端，历史沿革及主导我后两年大学学习的其他学科较专门的课程的局限性不言而喻。但是，鉴于大多数课程填补了我知识的空白，迅速吸收消化让我的知识技能日渐增加，几乎每门课程、每位教师都是开阔我眼界的人，都是一份欣喜。我的成绩反映了我求知的热诚和不只是一点点的骄傲（比如，曾有一次物理学测验得了 C，惹恼了我，于是我开始复习到那时为止学习的所有知识点，在 6 月份该课程的总评中获得 A）。大四那年我被指定为"尖子生先锋"——课内外成绩均出类拔萃者的一种荣誉称号。因此，实际上我堪与在麦吉尔大学被选为各自班级上致告别辞的优秀毕业生的父母相提并论，只是芝加哥大学"尖子生先锋"不发表演讲，而是手持银头指挥棒而非羊皮纸的证书走过讲台。

四门中每一门必修概论课对我皆有启迪之功用，虽然它们对于宗教性西方文明的人文历史有点虎头蛇尾。通过两门自然科学概论课，我肤浅地认识了过时已久的当代自然科学。比如说，相对论和量子力学只未加阐释地提及；星星仍然是永恒不陨落的；亚原子粒子和生物化学被慎重地略去。这无关紧要，

13

通过这两门课程，我确信自己在一定程度上理解了自然世界。后来天文学、物理学与生物学因层出不穷的发展成就产生了革命性的变革，这种错误的观念仍持续存在着，我跟随广为流传的说法人云亦云，相信在那之外的自然世界以某种方式存在于我可触及的范围内，虽然没有做数学运算——它把量子力学解释得不可思议地合乎道理。

社会科学概论课对我更有意义。那时哈里·吉迪恩斯，一位年轻的经济学家，自诩为哈钦斯麾下最能说会道的员工兼对手。他没有夸下海口说该课程本身会将社会科学整体化，相反，他把后面三个季度的课程作为经济学、社会学与政治学的入门课程。边际效用经济学和政治学深嵌于美国的治理模式，在我这里遭到冷遇；但是冬季学期的社会学课上，我开始关注并自此坚守着两种思想观念。第一种观念源于对威廉·格雷厄姆·萨姆纳的《民俗论》节选的阅读，即习俗，尤其是非理性的积习根深蒂固，日常生活的方方面面大多受到这种惯常行为的支配。第二种观念来源于约翰·杜威的《人性与行为》，如果我没记错的话，我们是从头至尾通读全书的。杜威的书触动我的是一个相关的观点，即抽象的人类思想是对受挫习惯——当人类行动的结果使其期望落空时，人们的通常（但非经常性）行为——的回应。我的结论是，不假思索的习惯性行为是自然的真正幸福的生活方式；而思想是机能紊乱的症状，但仍然有益于生存，因为挫折驱策着新思想的诞生，人们通过发明称心如意的新路径来圆满解决问题，由此，新思想时常能够找到战胜挫折的途径。

我目前所记得的这两本书十之八九曲解了他们的说法。但是交流总会滞后，思想的交流尤其容易被歪曲，因为接受新思想的人只有通过把新奇思想纳入已然存在的思想观念之中才能接纳它。纵观我的大学生涯，我一直忙于做这件事，热切地吸收新思想，试图把它们融入已然把我的大脑搅得凌乱不堪的思想观念之中。

当然，正式的课堂只是我大学生活的一部分，在某些方面其重要性略次于与同学课外的交流活动。举个例子，1934 年我入校时，马克思主义是一群学生布道式的信仰，他们竟然分成相互竞争、争论不已的三派——改革主义的社会主义者、革命派的共产主义者和更"左倾"的托洛茨基主义者。美国和其他资本主义世界处于持续的经济萧条时期，共产主义者可以夸耀苏联第一个与第二个五年计划取得的成就。但是质疑之声不绝于耳，尤其是托洛茨基主义者谴责斯大林的不同意见，1936—1938 年蔚为大观的叛国罪审判很快表明苏联内部运转不良。社会科学概论课要求阅读《共产党宣言》，我开始入门马克思主义，并对马克思在那份文献中对人类的过去与未来概要式的描述感到震撼。但是我从来不是马克思主义者，主要因教条主义

15

尤其是坚持政党路线的规则而踌躇不决，各派马克思主义学生普遍坚守政党路线。相反，我执着于对个人眼中的真理与正直的妄求。

马克思主义影响了 20 世纪 30 年代大多数的美国校园。芝加哥大学特立独行，在树立彼此竞争的布道式信仰中占据一席之地，且同样分成信念相左的不同派别。理查德·麦基翁，一位哲学教授，不久之后担任了人文学部的院长，因他对亚里士多德哲学的解读吸引了数量可观的追随者。同时，莫尔提默·阿德勒，另一位哲学家，出入于法学院，宣传他自己更加派头十足的亚里士多德式托马斯主义[2]。而哈钦斯校长负责由此导致的哲学骚乱的善后，追求他自己由衷地对理性真理（或者多个真理？）的探索之路，在我看来这一真理从未被真正发现。

大学四年，哈钦斯和阿德勒共同教授定名为"西方世界的经典文献"的夜班课程。两年来我都参加这个研讨课，在研讨过程中我们通读了本杰明·乔伊特近乎逐行翻译的柏拉图的《理想国》，之后阅读了钦定版《圣经》里的《创世记》和一些其他篇章，我们就此研讨了整整两年。阿德勒与哈钦斯都不懂古希腊语，由此我对这一问题感到不可思议，他们的论述以及我对哲学问题的冥思苦想非常强烈地受到我们所用译本的支配。麦基翁委实精通希腊语，他的个人哲学宣扬，与所有思想的对话

应虚怀若谷，但其方式是将之纳入亚里士多德式或柏拉图式学说，凌驾于文本的细节之上。最终我总结道，他聪慧而不明智，　16
而且有时对思想持敷衍搪塞的态度。

1939 年，作为硕士研究生，我选修了麦基翁的希腊哲学课，因此才对他如此评价。一日，他在黑板上板写了三个术语之后，妄下断语说，"说来奇怪"三位哲学家中每一位都认为其中一个术语是根本，而把其他两个视为其派生词。当他提及第三位哲学家时明显停顿了一下，这令我生疑，那时我已知道通过翻阅《保利－维索瓦古代历史百科全书》——一部权威的古代希腊与罗马作家及其作品的百科全书汇编——来核查他的说辞。果不其然，对应的词条简明扼要，只说除了这位哲学家名字外其他一无所知。由此，我得出结论，麦基翁需要另一个名字完善其教学设计，所以子虚乌有地捏造——或者从《保利－维索瓦古代历史百科全书》里借用。我从未对他或其他任何人提及此事，但是从那时起我对他的景仰烟消云散。

我对阿德勒与哈钦斯两人的态度迥然不同。阿德勒在赢得真正有说服力的论据上非常敏捷，给我留下深刻印象。但是我仰慕哈钦斯，或许错误地将我对柏拉图的知识、真理、美、善的问题的关注却无能力寻得满意的答案寄望于他。因此，那两年我参加他们的课程，对我个人与哲学问题的探究至关重要。大多数时间我沉默不语，这是我上所有课程的习惯，但是有一次我爆发了，义愤填膺地反对柏拉图，在《理想国》第一卷（第336—354节）的结尾，他似乎对苏格拉底用来驳斥特拉西马库斯的理论"正义只不过是强者的利益"那种漏洞百出的文字游戏称心如意。后来的事情我记不得了，但是相当肯定的是，没有人说服我说苏格拉底的驳斥在逻辑上充分有力或者合情合理。数年后，我的一位朋友问起我是否仍认为特拉西马库斯的观点正确，那时我已经全然忘记这些，没有回答——但是这件事情表明我不是唯一热衷于认识论和道德问题的学生。

　　两个课外场所对我的大学生活很重要。一个是贝塔·西塔·派联谊会（Beta Theta Pi），我1935年时加入。当时芝加哥分会已濒临解体的边缘，诺曼·麦克林，时任英语学院人文课程的导师，自称贝塔成员，劝说他所组织的某个课外研讨组的成员接管这一联谊会会堂，招募志趣相投的新成员以把他们的研讨会无限地延续下去。这种精神以及麦克林的活动汇集的精英使联谊会非同凡响——达到了这种程度，即我大四那年每一位从芝加哥大学贝塔毕业的学生皆具有弗爱·贝塔·卡帕协会（Phi Beta Kappa）的资格。

　　同时，我在联谊会会堂的偶尔聚餐与周例会上结识了形形色色的狂热者，横扫校园的教义之风导致他们格外地激进。举个例子，我见证了一位信仰马克思主义的侃侃而谈的诗人如何蜕变为托马斯主义者，最后又皈依为多明我会信奉者。一些人转变为麦基翁的信徒；还有人演变为莫扎特的狂热崇拜者，我们举行特别的晚宴，随后欣赏他的音乐唱片庆祝其诞辰。由于是走读生，我经常被边缘化，但是在每年一度的联谊热潮期间我交了一些好朋友，在滔滔不绝的交谈中分享经历，特意培养了与潜在的贝塔成员交流的技艺。在芝加哥分会聚会之后，与一两个走读的联谊兄弟步行回家的路上，我们时常站在分别的街角继续辩论至深夜。

　　我对出版《栗色日报》的学生社团的倾慕相当强烈。一周有四个下午，正值次日报纸出版，我会去《栗色日报》办公室帮忙做一些分派给我的任务。新手们都是跑龙套的，闲荡着干些琐碎杂务。社团委派我们大二学生定期在校园徘徊游走，希望能猎取新闻，而后撰写成文，把我们的新闻报道呈交给总编审阅。总编是大四学生，他要么采纳我们的稿件，要么拒绝，要么要求重写。高中时我已然编辑过四个版面的周报，所以报纸差事对我而言并非全然新鲜；但是我只干了一年，也没有投入多少精力。然而，《栗色日报》日渐成了我课外生活的中心。每天工作结束走回家时，若次日有文章发表我就倍觉满足，反之则失落透顶。日渐一日，我太过沉溺于出版作品，以至于如果哪天没有撰写出肯定能出版的东西，我就会无可救药地感觉那是不完美的一天。

　　大三那年我除了负责日间报道，还是夜间的报纸编辑，负责两周一次的报纸平台印刷。我需要去丛林别墅大道和第63号大街街角处——名声不好的住宅区——附近的一家复印店，一直忙到凌晨两三点。那时，莱诺排字机的排字员已经把新闻、广告与头版头条排版完毕；夜间的日报编辑校勘结束；六到八页的铅字、图片和广告业已嵌入铸模，铸模在平台印刷机上运转后次日报纸即可出版。一位聪敏而非刻薄的女莱诺排机工喜欢制造诙谐或淫秽的印刷错误来考验我们的校勘，我玩这个游戏更多的是焦虑而非乐趣。但是与那个商店的工会工人广泛的接触是我生平第一次也是唯一一次与美国产业界的重要接触，我视其为一次难能可贵的教育经历。回想起来，我意识到了很晚才回家必定令我的父母心急如焚，他们完全清楚半夜走在那些街道上等于向持械抢劫者发出邀请函。此类事件从未发生在我身上，但是我时刻对穿过中途游乐场回家所冒之风险保持警戒。

　　大四那年我被选任主编，践行着从未感觉过如此热切的雄心抱负。六位大四学生组成该报纸的监督理事会，他们进行决策并作出任命，我至今不明白为什么即将卸任的主编没有选择他的联谊会好兄弟、我的强劲竞争对手埃尔罗伊·戈尔丁。传统上，隶属联谊会通常是当选课外社团领袖的决定性因素，但是这次我的愿望实现了，1937—1938学年我负责理事会的事务，埃尔罗伊被任命为监督理事会总编，对此他有点心怀不满。

按照长期以来的惯例，主编一周写四篇五百到六百字的社论。我的前任总是绞尽脑汁地找话说，而我从来不曾词穷，还学会了每个下午在《栗色日报》办公室喧嚣与频繁干扰的环境下全力以赴地撰写评论。我接任主编后便着手制定芝加哥大学改革的五点纲领，其中争议最大者是"校际体育运动的废止"与"历练老成的校长"。

芝加哥大学曾经是红极一时的大学竞技运动的佼佼者，1927年赢得了最后一次美国高校十大联盟的足球冠军。但是 20 1930年芝大设置了每门必修概论课程的匿名分等级的综合考试，这使运动员不可能继续选修教授开设的"容易通过考试的"课程，其成绩反映了自身对体育而非学术成就的热衷，这使其不可能继续保有参赛资格。结果，芝加哥大学团队在美国高校十大联盟中不具竞争力，由此导致的耻辱——早年学生时代，我曾经是芝加哥足球与篮球的狂热球迷——损害了该大学的公共形象，我是这么想的。其余人希望恢复昔日的荣光，这季度结束时，体育协会讽刺性地邀请我在他们年度足球宴会上就"流通的必要"讲话，或许出乎他们意料的是，我接受了邀请。于是，在哈钦斯校长和其他显要高官携刚刚荣获市级冠军的奥斯汀高中足球队列席之际，我为这种流通的想法作辩护，将《栗色日报》在校园的牛虻角色比作雅典人眼中的苏格拉底，并就竞技体育与课业出色并举的问题提出解决之道，即建议大学采购赛马，经过四年驯化，体格健壮者授予 B.A. 称号，以赛马臀部测量的结果来决定其被授予的资格——那些超过平均宽度的真正拥有"大屁股"（Big Arses 的缩写为 B.A.）的赛马。这些听众没有发笑，但是后来哈钦斯至少在两个公共场合袭用我的建议，我毕业不久他便废止了校际足球。

"历练老成的校长"是对两篇社论的归纳，它们最后的画龙点睛之笔道破了玄机："他领导的大学不是他个人意志的牺牲品。"[3] 但是正如我在社论最后交代的，"不幸的是，他（哈钦斯校长）在处理《栗色日报》和教职工这些细枝末节的琐事上如此圆滑世故"，以至于 1937—1938 年《栗色日报》的部分编辑方案"遭到搁置，好似载人飞行的魔毯被悬置在半空中，成了我们自以为是的鲁莽之举的纪念品"。[4]

从一开始，哈钦斯纵容了我的冒失。那年下半年（之后？）他参与了《栗色日报》主办的关于通识教育目的的辩论。他的辩论对手是温文尔雅的欧内斯特·莫尔比，西北大学教育系主任。为此，曼德尔礼堂人满为患，溢出礼堂外的人群在雷诺兹俱乐部通过广播收听辩论。我介绍了出席的主要领导及辩论主角，也是唯一一次在如此多的听众面前发表讲话。我的母亲坐在后面的某个位子上，之后她告诉我说，我声如洪钟，铿锵而柔美，至少在她听来如此。但是这场辩论本身是一次滑稽的表演。哈钦斯自大学时代起便巧舌如簧，为莫尔比设下口头陷阱，后者踉跄地掉入陷阱而不能坚持己见，如同柏拉图对话里特拉西马库斯与苏格拉底辩论时那样。然而，在这两个案例中，我注意到语言诡计取代了严肃辩论。

至于社论的其他部分，我文思泉涌，主干部分奇怪地掺进了未谙世事的规劝和过于雄心勃勃的概括——哲学的和政治的——连带着文学性的骄傲自大与对其他学生社团之间辩论的反对，但小心翼翼地忽略了《栗色日报》全体同仁之间的摩擦。在那个时候，我在芝加哥大学本科生之间风靡一时的辩论中独占鳌头，引人瞩目，也饱尝难以轻易摆平公共事务管理之滋味。我计划先获得博士学位，继而写一本我一直试图界定的历史循环论的书，在那之后我期待以某种恰如其分的尊贵身份——或许继任哈钦斯的芝加哥大学校长之位——回归公共事务。我当时野心勃勃，心比天高，我的本科生涯令我相信只要是我希望成就的事就可能达成。

至于萦绕于脑海的人类历史循环论，得之于随时序推移 22 而来的范围与复杂性，部分由于我暑假阅读弗洛伊德、托尔斯泰、马克思、屠格涅夫等声名赫赫的作家以及刘易斯·芒福德等名气一般的作家的作品。我在大三、大四的历史课上也接触到越来越多的信息，但是我的老师们认为大规模范式索然无趣，我还嘲笑他们的愚昧无知。凭我记忆所及，在我读过节选的众多历史学家的著作中，最有影响力的当属迈克尔·罗斯托夫采夫和卡尔·贝克尔。罗斯托夫采夫有鉴于十月革命——它迫使罗氏离开祖国，力图阐释罗马帝国的衰落，他的《罗马帝国社会经济史》促使我反复回溯历史。我从卡尔·贝克尔的《18世纪哲学家的天城》中认识到，甚至最革命性的观念也与革命者试图拒斥的观念息息相关。简言之，"万变不离其宗"（*Plus ça change, plus c'est la même chose*）比同时代人能够认识到的，或者比我当时在摒弃父亲以文本为依托的史学成就风格时所认知到的，更深入、更有生命力。

但是最重要的一次思想激励是偶然选修了罗伯特·雷德菲尔德称之为"民俗社会"的暑期课程。雷德菲尔德是一位人类学家，社会科学部的主任，他与我同样立志于发现人类社会的一般模式。当时他力求从其研究生时代在墨西哥进行的田野调查中归纳总结，最终在出版的名为《尤卡坦民俗文化》（1941）一书里发表了自己的观点。1936年他仍然沿用这些观点考查我们，这为他的课程增添了非同寻常的影响与别样趣味。

23　　他的研究路径是设立二元对立的理想模型，希望在某处找到他的田野调查表明的对立面中任一个实存的人类聚居地。一极是"民俗社会"，类似于柴克木此等偏远的内陆村庄，在那里他收集了博士论文的资料。那里风俗习惯大行其道，多数行为都是惯常性的，甚至是神圣的，习俗的变迁几乎是缺席的，因为面对面的相遇将每个人紧紧联系在一起，几乎没有陌生人来访。另一极是海岸的大都市梅里达，那里陌生人来来往往，由于没有人情味的相遇与市场交换的大量增多，所以新形式的行为或过滤或违背了习俗。总之，梅里达是这样一个地方，即竞争性、碎片化的信仰体系碰撞，以至于个体不再能够对与其周遭的所有人与物做出行之有效的习俗上的回应——维系与慰藉穷困潦倒的柴克木居民的那种境况。之后，当雷德菲尔德再次对柴克木进行田野调查时，他发觉这里也发生了社会变迁，于是他写了《选择进化的村庄》（1950）一书以承认这一事实。但是1936年他的类型学没有时间维度，尽管如此，他的研究路径强烈地吸引着我，可以毫不夸张地把我后来的学术追求描述为试图探究雷德菲尔德所设想的社会变迁中缺失的时间维度，不是限于尤卡坦，而是有时间记载的整个世界的社会变迁史。

雷德菲尔德还引导我接触美国的人类学，代表人物有鲁思·本尼迪克特、玛格丽特·米德、A.R.拉德克利夫-布朗、克拉克·威斯勒和拉尔夫·林顿等（奇怪的是，我不知道什么原因，阿尔弗雷德·克虏伯被遗漏，我从来没有抽出时间阅读他的著作）。我真正拜读过的人类学家使我深信习俗这块蛋糕是人类社会必不可少的支柱，但是在当时纳粹扩张已然进行，另一场世界大战显然正在逼近的美国与欧洲的城市，习俗却面临着衰落这一迫在眉睫的危险。一种势不可当的循环似乎在上演，重 24

演着古代世界的模式，在那里内乱和内战首先给希腊城邦而后给罗马共和国带来了灾难。我料想社会心理学模式化的及可预见的变迁推动了大事件的进程，而那些变化又反过来根植于文明的本质——风俗的不可避免的破坏者和道德规范的吞噬者，其本身又是日新月异的技术革新与社会变迁的产物和表现形式。

古希腊观念涅墨西斯似乎仍有用武之地。例如，1938 年时，大卫·格林尼做过我的老师，他在《国家》发表了修昔底德一篇演讲的节选，把雅典替换为不列颠，斯巴达替换为德国。出人意料的是，节选的结果竟是对当代大事件鞭辟入里的评论。因此，1938 年夏季我从《栗色日报》毕业后便匆匆完成 95 页的论文《涅墨西斯：文明兴衰之研究》。当然，这是我的大部头著作的试验版。

经过数十年淡忘之后重读此作，感受很矛盾。有些句子仍然深中肯綮，然而书写潦草马虎，轻率鲁莽的归纳随处可见。当时我所掌握的资料完全局限于欧洲史为数不多的知识片段。这折射出我所接受的教育，因为我的老师们集中研究古代雅典与斯巴达，而后的罗马、西欧及其衍生出的美国。之后，我意识到他们的研究领域反映了 19 世纪的自由观，即 19 世纪通过代议制立法机构及有限的地方法官完善的个人自由与自治政府，赋予历史以意义。但是我的教授们对于他们业已继承的自由观念惴惴不安，以一场关于 1914 年德国战争罪的激烈讨论

25

作为历史课堂的完结，结果把第一次世界大战放置于一幅乐观的、自我粉饰的图景中，以此解决了这一尴尬的难题。

诚然，权力政治是我汲取的学术史传统的另一条截然不同的主线。这促使彼得大帝统治时把俄国纳入到欧洲史，并适时把土耳其、印度、中国和美国纳入到欧洲强国对有利据点的争夺旋涡之中。但是随着19世纪英国与法国崛起为占主导地位的帝国主义强国，实际上，与希罗多德一致，历史学家假定自由人比那些受独裁者压迫的子民更具有战斗力，自由主义与权力政治视角下的历史之间的矛盾得以解决。结果，纵观有记载的历史，权力与自由大获全胜地携手并进——或者至少应该如此。鉴于这些假定，帝国的衰落与垮台难以被理解。更直截了当地说，当大萧条使自由主义的民主瘫痪时，以及当纳粹与共产主义国家明显占上风之时，这种信仰很难维持下去。

我的老师们甚至从来没有问过这个问题。寻求历史的意义不是他们的工作，即使他们实际教授之知识仍然体现了其他人曾经信奉的观点。相反，他们宣称，科学的史料考证与穷极相关文献使书写的历史成为历史的科学，并且永远是正确的，只要如实直书的历史学家精确地记录（或总结）它们。整体的意义与大规模范式要么虚无缥缈，要么仅仅期待日益增多的科学记载（因此是正确的）专著并排摆放在图书馆书架上，自然而然地呈现出来。我撷取柏拉图与修昔底德的观点，前者认为　26

词汇及其所指事物之间的关系比我的历史教授们想象的更难以捉摸；后者提出历史展现其过程完全超乎思虑周详的掌控，而当代人几乎没有意识到这点，由此，我嘲笑上述那种幼稚的想法。

那么，我应该如何期盼发现有意义的历史真相呢？我所需要的是一套社会变迁的理论，以指引我关注真正重要的知识，况且人类学家已经提供了有说服力的线索。尤其是克拉克·威司勒展示了与西班牙人及其大量新技能的交流诱导大平原印第安人得以从新来者那里借鉴"文化特征"，由此缔造了骑马的游牧民族与野牛狩猎者，他们的文化传统也不得不彻底重塑以适应全新的生活方式。

从陌生人那里借鉴以及随之而来的新旧文化融合似乎是一般意义上的历史变迁的可能模式。但是它对习俗这块蛋糕——那些共享的与承袭的文化意义，它们协调了个人与外部世界的关系，维系着两者之间有效的合作，并为那些共享这些文化意义的人维持着心理上可承受的日常生活方式——作何应对之策呢？如果不同的习俗蛋糕碰撞或者破碎的话会怎样？这就是我的首要关注点。回归何处？像我在《栗色日报》的一篇社论中所预言的那样，回归到一穷二白的农耕社会吗？愤愤不平的人群在城市街道发生暴动？或者其他？毋庸讳言，我的文章《涅墨西斯》没有回答这个问题，尽管如此，也以此问题作为结束语。

　　由于醉心于我自己的观点、沐浴在孕育它们的大学环境之中，我坚持在芝加哥大学攻读硕士学位。但是我决定在文化史委员会之下攻读学位，以此协调我学术生活的两端。由于我还打算学习古代、中世纪和现代史以攻读博士学位，于是用一年时间来学习古代地中海世界的历史、哲学与艺术。学习艺术是因为跨学科委员会规定若获得硕士学位需要学习三个不同学科的三门课程。这把我分配给古希腊瓶画专家约翰逊，我很喜欢他的幻灯片，但是他对古希腊罗马艺术的影像评论过于专业，所以，对我而言无关痛痒。我已经跟随芝加哥古代史教授 J.A.O. 拉森选修了三门历史学的入门课程，但是语言上不够资格参加他的研讨班，因此我被分配给其他老师，其中主要的一位是新入职拉丁语系的老师理查德·布鲁瑞。他讨论李维和塔西佗的课程过分强调文本的精准与细节（但不是思想激励），哈钦斯和阿德勒曾经这样过分地要求阅读柏拉图的《理想国》。麦基翁是哲学之王，我早已说过我最终对他研究方法感到幻灭。

　　部分由于受到研习两位罗马历史学家的影响，我选择了他们的前辈古希腊史学家作为我的硕士论文选题，题目是《希罗多德与修昔底德：对他们治史思路的思考》。对一位新手来说，接手的无疑是一个令人震惊且极具雄心的题目。但是拉森教授勉为其难地同意成为我的第一位读者，麦基翁是第二位。我一

27

边照常选修三门课程，一边在春季学期撰写这篇长一百页的学位论文，1939 年 6 月我取得硕士学位证书。这需要我的读者在很短时间内审核通过我的论文；拉森和麦基翁疑问重重，但最终还是认可了它。我无法阅读希腊文是个明显的难题，因为我试图领会这两位历史学家的组织思想，以及修昔底德在关于战争的写作中理解上发生的变化。我采取的方法是考察他们用来解释发生之事所引证的种种缘由，使用两者文本的完整无遗漏的现存索引和洛布丛书里英文、希腊文对开页对照的版本，以便确认在每句话里确切的希腊语词组。学术著作亦展现了其大用途，因为比我更专业的学者无穷尽地讨论这些文本，我从他们那里借鉴了不少重要观点。总之，天遂人愿，我恰好发现了希望发现的，比如，一个人的假说形成了希罗多德与修昔底德在他们的史著中注入的整体意义；他们各自的世界观背后是修正过的、部分被抛弃的宗教传统。

我的论文后来的遭遇不同寻常，因为一门战后的人文课程要求所有的本科生阅读修昔底德，有人在图书馆目录里注意到一个有指望的题目，于是认定我撰写的文章是学生了解其功课的有效捷径。后来，规模不大的地下活动在一届又一届或焦头烂额或胸怀大志的本科生中发展起来，使我的论文多年来活跃地传阅着。60 多年后重温此文，我发现其中的论点依然有点道理，还发现它比更早年的学期论文或者仓促草率写的《涅墨西

28

斯》体现出更具完整性的学术研究。实际上，古典学问历经数百年细腻精湛的精进，若不是我语言水平如此欠缺的话，可能自身已经成为一位古典学者。但是古典时代的学术研究比其他时期更追求细微精确。我一如既往地执意追求大规模范式，于是在又一年重点关注中世纪之后，转而在现代史中寻找博士论文的选题。

　　硕士生涯的另一重大事件是我开始真正地阅读法语与德语书籍。以前，外语学习在我接受的教育中一向被视为繁重的死记硬背的任务，只是在语言入门课堂上练习。我仍能准确无误地回忆起某天我在芝加哥大学经典文库图书馆所坐的位置，然后开始阅读学者库蒙撰写、比利时皇家学院出版的《比利时罗马化评论》精装本。在开饭时间我把这本书通读了一遍，不吃午餐向来是我的习惯。我发现，只管继续阅读而不停下来查阅不熟悉的单词也能理解他的论点。突然我真的在读法语！不仅如此：我通过库蒙的文章了解到中世纪佛兰德斯这块欢乐的土地在整个罗马时代曾是幽暗、潮湿的森林，他所颂扬的罗马化其实只是浅显的现象。我猛地意识到 11 世纪在曾经只是树木成林的地方，拥挤的村庄与城镇开始如雨后春笋般繁荣起来，这一时期必定发生了重大变故。因此，1939—1940 年我将主要注意力转向中世纪史，觉察期间可能的重大变故将是我要探究的首要问题。

29

时至今日，我最终准备仿效我的妹妹们离开家。于是，1939 年秋季我离开了母亲的呵护、母校的培育来到坐落于纽约州伊萨卡的康奈尔大学担任中世纪史教授卡尔·史蒂芬森的助教。不管怎么说，卡尔·贝克尔教授是吸引我到康奈尔的那个人，另外，我也听从了芝加哥大学现代史教授路易斯·戈特沙尔克的建议，他是贝克尔的第一批博士生之一。事实证明，我是他最后的研究生助理（1940—1941），1941 年贝克尔荣退，1945 年去世，在我从战场回来之前。

30 康奈尔大学的教学体制与我所熟悉的芝加哥大学不同。历史学院没有开设研究生课程，相反，研究生可以随心所欲地旁听本科生的全部课程，但不得写布置给后者的学期论文，也不得参加考试。每一位教授还组织一周一次的研究生研讨课，而这种研讨班如何进行完全取决于每位教授的意愿。1939 年秋季学期我来到这里，史蒂芬森刚刚完成一篇论封建主义起源的文章，最终发表在《美国历史评论》上。他借研讨课之机让我们阅读他在准备这篇文章时所用到的一些主要参考书——大概是对他自己学术作品的检验。每位学生被布置了特定著作。我的任务是德国教授海因里希·布伦纳撰写的大部头著作，如果没记错的话，书名是《德国法律史》。布伦纳意在表明封建主义是作为一种糟糕的外国进口产品输入德国的，主要起源于罗马法与社会习俗，因此它瓦解了德意志帝国，使德国遭受法国的羞辱数百年。他的史料是法律及宪法文本，其研究方法乏善可陈，且对我而言很难从承载其研究方法的德语文本（*schrift*）中解码，不足以令人信服地去质疑。研讨课上轮到我发言时，我按照常规总结了对他的观点的理解，就是这样。但是根据史蒂芬森的建议，我后来翻阅了马克·布洛赫的《法国农村史》，在他身上我看到的是这样一位学者：其文章带有一股实实在在的农场味道而不是布伦纳的守法主义。除此之外，布洛赫提点了我比利时平坦水涝的平原为何在罗马帝国时期是湿地与森林而到中世纪时期变为肥沃的谷物用地。于是，我利用康奈尔大学第一学年剩下的一半时间探索库蒙一年前抛给我的这个问题的答案，一半时间解决芝加哥大学期间的遗留问题。

我的努力换来了四篇实实在在的论文，我分别定名为《柏拉图思想的源泉》、《古典哲学史沉思录》、《论真理》（未完成）与《公元 1000 年：西北欧城镇的兴起探析》。我从未把论文交由老师批阅，但是的确将其中两篇投稿给某个论文比赛，参评的老师匿名评审，我的论文未受好评。尽管如此，这四篇论文标志着我学术成就迈向了新台阶。至今这两篇文章仍有说服力，几乎值得出版。然而，未竟的这篇《论真理》是个失败，随着我探究词汇与其所指事物两者之间的联系这一日久年深的问题，它消解在一片混沌之中。

在论述柏拉图的文章中，我认为驱策柏拉图转向哲学的是

31

他政治上的壮志未酬。作为雅典贵族的后裔，他感觉自己恰当的角色是占据统治地位。但是在民主的雅典，政治上的成功需要奉承选举者，而这违背柏拉图的意愿。于是，挫败通向思想之路，正如约翰·杜威引导我思考的，柏拉图最终思考他人提出的一系列哲学问题，然而始终未找到称心如意的、明确而令人信服的答案。尤其是，我确信在其后半生，柏拉图没有认可具有历史意义的柏拉图主义的核心，即《理想国》欲探究的超验的理念世界，这在《高尔吉亚篇》和《法律篇》这些对话录中得到了证实。如今我意识到，鉴于对真理追求的关注，又对自己或他人的言辞表述不甚满意，我轻率地把柏拉图思想吸收到自己的哲学立场之中。柏拉图与哈钦斯是我思想生活的两位榜样——执着追求真理，却从未寻得足够精湛的语言以能长期圆满地表达之。我永远无法知道他们二人是否真正吻合我的推测——但是在我看来，从柏拉图角度而言这篇文章提供了一幅似乎相当令人信服的柏拉图肖像，一位不懈追求却从未成功寻得永恒真理的人。

32　　　另两篇哲学文章意在总结我在芝加哥大学学生时代所学。《古典哲学史沉思录》写得过于仓促不值得过多关注。但是我追求的是严肃的哲学问题：理解哲学在古希腊罗马世界中所扮演的不断变迁的社会心理角色——以个人性质的探究为起点，发展到探究自然世界的玄妙规律，继而关注人类行为在演变为固定化的行为规范（和信仰）之前其难解的非规律性。这些行为规范（和信仰）是专为那些赋闲绅士阶层制定的，旧有的宗教观念在这一群体中早已退化为纯粹古雅、带有诗情画意的主题。

　　所以，这两篇文章基本上是历史维度的。第三篇意在或者说力求通过直面抨击真理问题呈现恰当的哲学维度。经过数周努力，最终我还是放弃了。由于不可计数的修改与不完整的补充，现存的手稿难以辨认。但是我的研究方法另辟蹊径，确然是历史维度的，只是以长期的演变时间为尺度。我开始研究阿米巴虫如何通过吞食食物，拒绝食用不宜食用之物，依靠直接的化学接触与味觉辨别其周边的物体；接着我考察了一种更复杂的生命体——水螅（在芝加哥大学生物科学概论课上第一次接触），它利用专门的感知器与灵活的触须将食物放置到消化腔。我计划进一步使用一种更复杂的方式，即人类使用另一种媒介——语言——与其周围的世界发生联系，以解决真理这一难题。但是语言使用的多样性令我困惑不已，主要原因在于我没能认识到维持社会凝聚力与社会合作是人类语言的首要功能，且有史以来语言的首要功能优先于第二个功能——虽然也是重要无比，即过滤掉感觉上无关联的事物，（时常随心所欲地）选择非人类环境的方面，有意识地进行重点研究。 33

　　多年以后厄内斯特·盖尔纳的《犁、刀与书》（1989）为我阐明了这个问题，这本书提出我们使用语言建构一个想象的意义世界，并用这些意义指导对人和事物的日常行为。与我们周遭共享同一（或近乎同一）意义世界的人们合作，由是，比其他可行之途径的工作效率高且效果显著；然而不管怎么说，信仰在客观现实中是少有或没有根据的，所以与事物的接触，不论它对采集食物、躲避敌人多么重要，都时常被信仰歪曲。

从这个观点来看，纯理论上探索一般事物的真理是例外的，即使它最终被证实与语言本身的发明一样充满出人意料的结果。如果共享的意义使人类社会变得独一无二地灵活多变与令人敬畏的话，人类科学经过观察、实验与测量等小心谨慎的调整，最终使我们的威慑力翻了几倍，给我们只不过刚开始体验的地球生态系统带来种种影响。1939—1940 年我对这些不甚清楚。我放弃了哲学，转而集中准备撰写一种历史，它将阐明我信奉的是支配文明兴衰荣枯的循环历程。

第四篇文章《公元 1000 年》写于 1940 年春，是这一思路的起点，除了其他方面外，它阐述了一年前库蒙为我提出的比利时乡村问题的答案。同时，我的发现为 1000 年前后西北欧城镇的勃兴提供了全新的视角。城镇的兴起是史蒂芬森得意的话题之一，源于他研究生期间跟随亨利·皮朗学习时。回想起来，我不明白当时自己缘何没有把文章交给他审阅。我却自己保留着，得知没有在我参与的竞赛获得奖项时自然失意满怀。

34

我发现了全悬挂式铧式犁以及它的运用如何改变了北欧平原的自然面貌，甚至（或者尤其是）在平坦的黏质土壤上建立了人工排水系统。反过来，人工排水系统使在宽广、雨水浸透的北欧平原上种植小麦与大麦——原产自中东半干旱的山腰——成为可能。我观察我的祖父在犁后面往返走动，先向一侧翻出犁沟，回向时在另一侧翻，这已经向我展示了全悬挂式铧式犁如何运转。马克·布洛赫的《法国农村史》最早提及铧式犁在欧洲历史的出现，他无意间观察到从一开始诺曼底的丹麦定居地便以长方形田块——铧式犁耕作的标志——为其特色，而挪威居留地不是。他还留意到长方形田地随后取代了挪威最初的近似正方形的田块，但是他没有分析原因。

我也从小林恩·怀特的文章《中世纪的技术与发明》[5] 中受益匪浅，他在这些技术与发明中赞美了带轮耕犁的发明，然而解释变化为何发生的真正关键的书是欧文夫妇撰写的却不可思议地被忽视的著作《敞田》[6]。欧文夫妇是农民出身，这本书详尽地描述了他们如何切实地管理英格兰莱克斯顿庄园的敞田，当时那里仍保留着中世纪的土地制度。尤其是，欧文夫妇说明了通过犁壁耕种来有意抬高或降低犁耕地，有赖于怎样翻垄沟，而且解释了利用耕地低洼处的田埂人工排水。正如我后来发现的，一位享誉盛名的中世纪农业作家，亨利镇的沃尔特已经在 13 世纪更简明扼要地提及同样的事情。当时铧式犁（以

35

及斧头）就是一种把北欧平原从罗马时代潮湿的森林转变为中世纪欧洲敞田的技术，并且与古典时期刮地犁农耕相比，它更加充裕地供养了城镇居民，推动了象征中世纪文明的其他东西。

但在写作自己的发现时，特别的是我以新石器时代开篇，前60页大多分配给古典地中海城市及文明的兴衰荣枯，以我已在硕士期间详尽阐述的文明周期的观点作为结束语。如今在我看来这一观点太单薄，虽不是完全大错特错。但是论文的最后16页解释了我在康奈尔大学早前所学的关于农民联畜耕犁怎样在公元1000年前后把西北欧积水的平原转变为高产的粮田，这点似乎仍然正确，而且最为重要。简而言之，这是一个关键时刻：我的第一个宏大思想至今完全令人信服，并频频体现在我后来出版的著作与文章中。

这篇文章与《论真理》那篇败笔的文章确证了我的抉择，即把历史视为理解一般事物，尤其是人类事务的载体。我此前做语言的学徒，并不确定它们是否与客观现实相一致，或者可能是语言自身创造其所传达的意义，而此时开始满意地驾驭语言。

因此，总的来说，1939—1940年我第一年离开家是一次坚实的思想上的成功。此外，我学会独立生活，身边十来个人都是历史学研究生，他们在怀特图书馆的学生单间阅读室彼此毗

36

邻。我们通常在家政学院经营的自助餐厅一起吃晚饭，饱餐一顿花费 35 美分，我下午与这群学生吃个茶点垫补晚餐，但餐后不吃其他东西。不足为怪，整个学年下来我体重减轻了，只是暑假回家母亲做的饭又养肥了我。我自力更生，这意味着我大部分奖学金（每月 50 美元）付给一位退休教授作为房租，的确捉襟见肘，紧紧攒着剩下的每一美分。但是那些日子里研究生生活拮据是自然之事。我还交了两位永远的朋友，他们名叫斯科特·莱特尔和卡尔·古斯塔夫森，而格西·加斯基尔是图书管理员，管理着怀特图书馆，她就像我们的女训导员，对我尤其仁爱有加，我想可能我比其他人更需要她吧。

　　进入康奈尔大学的第二年，我的关注点转向现代史，主要从那时起我的视野由于以下三点得以进一步开阔：（1）一种观点，即动态平衡是大部分无意识的人类社会进程——我如此执着于它——的恰当模式；（2）一种认知，我认识到俄国和类似于远西的东欧历史与模式之间令人迷惑不解的差异；（3）最令人陶醉亦倍觉卑微的是，我接触到了阿诺德·J. 汤因比在《历史研究》前三卷中阐明的人类历史中至今仍被忽视的范围。容我逐一作简评。

　　1940—1941 年卡尔·贝克尔长期患病，准备退休。于是，斯坦福大学历史学家哈里斯教授受邀帮助填补该学年现代欧洲史教学的空缺。我料想他肯定对那时康奈尔大学普遍存在的研

37

讨会事宜的宽松制度感到相当震惊。不管怎样，他接手指导我们做笔记，教授历史研究的既定规则，要求参加他的研讨课的学生写作一篇脚注规范的论文来练习这些规则。他的研讨课集中讨论 19 和 20 世纪的社会理论家，我被分配（或也许是主动选择）的是当时维弗雷多·帕累托的刚有英译本的《思想与社会》。我按时写了一篇合乎规范脚注的对帕累托观点的总结，轮到我展示的时候我在研讨班上读了一遍。我对帕累托使用的大多数术语了无兴趣，但是他主张人类社会是一种动态平衡，以各种变量同时发生且相互依存为特征，这点我完全赞同。我长期坚信社会进程比有意识的目的更重要。帕累托借鉴物理学概念为上述观点提供了新的精确性（或者至少提供了更明确的比喻）。

移入我自己思想里的观念图像，就像数量不定的有弹性的松紧带被固定在一个框架上而后拉伸，这样一来无论何时拉紧松弛的任一条带子，产生的张力会自动在整个体系内伸展。任何一次这样的变化都会产生矫枉过正的波状模式及随之而来的逆转，直到摩擦力迫使紊乱的系统得以再次朝着一种更加稳定的平衡稳定下来。但是当来自系统外的干扰频繁——事实上持续不断——的时候，正如城市化的人类社会这个显而易见的案例，矫枉过正及其产生反应的过程便越来越混乱，最终会威胁到系统自身的完整性。换句话说，正像我那时思考事务，太多的瞬息万变可能导致文明的衰落。最直接的实际效果是我不买简单的"因果"联系的账，我认为后来我将"原因"和"因为"两词从我的常用词汇库里剔除（或几乎剔除？）出去了。

1940—1941学年我旁听菲利普·莫斯利和马克·斯福特尔　38
的俄国、巴尔干与波兰历史课又一次扩展了我的历史认知。由于这些是本科生课程，我只是窃听，但是被教授所讲的东西强烈地吸引着，听懂了很多。例如，东欧的犹太人历史完全是新鲜事物。在芝加哥大学，启蒙运动足够把犹太教及其他形式的宗教驱逐出欧洲历史之外。尤其因为我的现代欧洲史教授中有两位是犹太人，他们热切地希望被完全接纳到非犹太社会。

东欧历史引出了一个核心问题：西欧锐不可当地迈向自由与自治并主导着我曾经学习过的这一历史叙述，而东欧历史为什么与西欧截然不同？举个例子，为什么公元1300—1700年农奴制在西欧衰败却在东欧得以扩展？究竟为什么？还有，有分歧的宗教传统——天主教、新教、东正教、穆斯林和犹太教——如何影响了公众行为与私人经历？宗教改革曾遭搁置，我的老师们系统地跳过了这一主题，但是我知道宗教是我父母的核心主题，也知道犹太教与非犹太教之间不言而喻的区别整体上影响了芝加哥的人际关系，具体而言是影响了芝加哥大学的人际关系。显而易见的是，我所接受的教育缺少一些十分重要的东西。

因此，莫斯利与斯福特尔引发了我对很多东西的思考与探究。但是我碰巧留意到图书馆书架上汤因比三卷本绿色封面的《历史研究》[7]，并开始通读之，且渐渐领悟突然扩展了的历史研究的世界，这使前两位对我的影响相形见绌。在芝加哥大学时，我模模糊糊地知道汤因比。我对自己的论文《涅墨西斯》淡然的评论表明我把汤因比归类为斯宾格勒的一位孪生兄弟，但是对于他的作品我只字未读，而且除非记忆欺骗了我，当打开那些不熟悉的绿色书卷时我完全忘了有关他的一切。

不管怎么，接下来的几日是我曾体验过的与印刷文字最引人入胜的接触。汤因比的篇章接二连三地为我开阔了过去历史宽广的新景观。在我看来，他剖析的每一种独立文明兴衰荣枯的相同模式通常令人信服。我早就在思考周期与"文明"的观念，一种容易解体的历史行为体，但是汤因比对周期的思考比我想象的更加精妙，且他博览群书，我为之惊叹。单凭个人之精力能够呈现整个浩瀚的世界，并搞清楚其历史，这令我倾倒咋舌！那正是我自己想做的事，然而我总是天真地将五分之四的人类排除在外，从自己的视域记载历史。

在我阅读汤因比的书卷时，雀跃、钦佩与默许交织着强烈的怀疑。特别是，我在人类学方面接触到北美"文化特点"的传播使我相信独立的文明并不像汤因比宣称的那样不受外界影响——尤其是技术的改善。但是康德说到休谟的，我同样可以说汤因比，正是他让我从教条主义的睡梦中醒悟过来，通过向我展示许多其他民族怎样拥有历史，那就是必须把其他民族的历史纳入到声称通常合理有效的解释性方案之中。

　　众目所见，欧洲与西方并非历史的全部。在某种意义上，我已洞悉这一浅显的事实，只是奇怪地、幼稚地、惊奇地未曾认识到其专业可能性及其隐含的责任。但是从那时起，我明白了我期待著述的大部头书必须是一部世界历史，我将积累的知识储备也比曾为博士生课程学习古代、中世纪和现代欧洲历史所预想的更加广泛。随着越来越接近博士学位，我的教育只是起步而已。

　　不过，我在康奈尔大学第二学年结束时已经达到了博士学位所有其他的要求，迫不及待地着手毕业论文的写作。考虑到我发现了全悬挂式铧式犁，我决定在现代史中找寻一个比较的视野，并即刻认识到——或者几乎即刻——欧洲马铃薯种植的传播与中世纪时期铧式犁耕作的传播同样具有变革性意义。黑麦是易北河东部地区成熟率稳定的主要谷物，而亩产马铃薯的卡路里多达黑麦的四倍。马铃薯还具有更大的优势，它并不会淘汰谷物。因为在原来休耕的田地种植块茎植物，然后锄耕，足以清除杂草——休耕的目的所在，同时确保非常有营养的食物丰足的超额供应。这是——包括其他促成因素——19世纪欧

40

洲大陆近代企业得以突飞猛进地发展的机遇。上述情况何以发生是我的博士论文试图解答的问题。

虽然康奈尔大学的教授们对这一问题的探究兴致索然，但是我不费吹灰之力便让菲利普·莫斯利同意做我的论文指导老师。这一选择意味着我背离了贝克尔，是他首先吸引我考入康奈尔。但是后来的事实证明，我做他的助教，1940—1941年参加他的研讨班都令我心灰意懒。他病倒后取消研讨班的次数比组织的多得多，即使组织研讨班，他也绝不要求我们讨论。相反，他从自己正在写作的手稿中挑选文章向我们阅读，但不厌其烦地解释他真正做的研究。因此，他对印度教徒对时间的思索跌跌撞撞的探究奇怪地萦绕在我耳边。几年之后，我才发觉贝克尔真真切切地开始探究历史地理的概念，比哈里·埃尔默·巴恩斯在一本新书中分析得更恰如其分，且他打算以世界地理为基础着手研究。所以说，贝克尔也在追求世界历史，只是当时我完全没有意识到他所从事的研究。

相反，我看到的是这样一位老师，数十年来始终教授法国大革命课程，且其授课方式单调乏味，颠来倒去地讲述着我早已从他的高中课本中习得、后从芝加哥大学戈特沙尔克教授那里学到的知识，这让我错愕。我期盼已久的探索精神与文辞典雅何处寻？为什么他的手稿如此杂乱无章，以至于他给我们阅读时常常忘记上次读到什么地方？我记得当时在想著名的文体学家怎么会忘记如何写作，因为我习惯下笔成文，信手拈来句子，几乎不作修改。如今，我反反复复地修改，理解了贝克尔带到研讨班上的那些杂乱无章的手稿是他为完成一部简洁通透的著作付出的代价。但是那时我完全不理解哪怕对他而言寻找合意的词汇来表达其意思多么艰难。实际上，我只从戈特沙尔克崇敬的人身上学到了不应该做的事。

　　比较而言，莫斯利是一位年轻有为、精力充沛、品德高尚的语言学家。他的博士论文是十分传统的关于欧洲外交史片段的专题论文。但是他打算写（但未曾实现）论南部斯拉夫扎德鲁加的书。"扎德鲁加"是指集体耕作田地的大家族。他的兴趣至少部分与农业有关，我请求他指导我的论文顺理成章，我意在探究马铃薯在欧洲历史上的角色中不为人知的历史。

42

　　在莫斯利通过我的开题报告很久之前，我已开始有关通识性主题书刊的阅读，并对下述事实了然于胸，即马铃薯在现代史上的重要性在于它提高了整个北欧平原——从卢瓦尔河到伏尔加河——的农业生产力，在数世纪之前铧式犁已在几乎同一地区发挥了同样效力。谈到更细微的研究，自然要从爱尔兰开始，马铃薯在这一地区的重要性众所周知。很快，变得明显的是，康奈尔大学可以接触到的有关爱尔兰马铃薯的资料绝对足以撰写一篇博士论文。因此，在莫斯利的要求下，我对预期论文的五个章节写了一篇 55 页的总结。之后的 1941 年夏天我前往纽约公共图书馆，在那里阅读了更多有关爱尔兰马铃薯的资料。

按照哈里斯教授教给我的方法，我在便签上做了不计其数的笔记，每一张都小心谨慎地以原始资料、主题与日期来辨识。每日傍晚我将白天的笔记分门别类地整理到一个主文件，根据设计的每章标题来排列。暑假临近结束时，我准备撰写论文，但是那时征兵草案已经实施，1941 年 8 月我的名字出现在征兵清单上。9 月初，芝加哥的征兵局命令我报到入伍，于是我把论文笔记存放起来，通过一门物理考试之后，我按时以列兵身份在美国陆军部宣誓入伍。

43   实际上，1941 年我没有完成正式教育。五年后我返回康奈尔大学，把我的论文笔记整理成文，结果很不愉快，令人沮丧。那时，新思想引领新的方向。探究它们需要另起一章。

第二章

从基础训练到《西方的兴起》
（1941—1963）

第一次穿上军装，我便期待保持学术习惯，空暇之余学习俄语。但是兵营里缺少一只供阅读的台灯，最初这一方向的设想很快落空了。总而言之，我服现役五年零两个月，1946 年 11 月我最终服完兵役离开军营之时，已经从列兵晋升至上尉。一路走来，我的种种经历不同寻常，这促使我成为一名更出色的历史学家，而非仅洞察了军队组织及行为的方方面面。

作为防空炮兵的基础训练持续了三个月，由于各类装备极其匮乏，大多数的训练滑稽可笑。举个例子，唯一搜罗到的一套军服是军需官能够发给我们的一切。9 月份身处得克萨斯州，仍然汗流浃背，导致臭气熏天，直到兵营发放了另一套服装，开设一家基地洗衣店，臭味最终得以减轻。类似的，整个基础训练期间，我们没有割草机，只能靠双手拔掉兵营周边的杂草，以应付每周六早晨的检阅。总之，每当训练影片缺乏时，正规军出身的文盲下士们日复一日地训练我们。然而，我并未怨恨那套古老的仪式，反而借此作诗一首。那个时候，我对自己通常积极响应军队训练至少是有点困惑，并且这种经历最终有助于我撰写《竞逐富强》，在此书中除其他问题之外，我探究了密集队形操练对欧洲军队的心理影响。

日本计划偷袭珍珠港时，基础训练基本结束。我们旋即听从命令奔赴旧金山，1941年圣诞节的次日起航去夏威夷。一到夏威夷，我们的训练部队就解散了，而我们随即以个人身份被分配到海军炮兵部队以补充他们的力量。于是，接下来的9个月我在正规军队服役，操作巨型而古老的隐显炮架火炮。这种大炮曾经在1910年某个时候被放置在戴蒙德火山口，目的是守卫檀香山，防止海军进攻。所以，我变成一群怪异的城市漂泊者、阿巴拉契亚山文盲和美国社会其他流浪者中的一分子。不论他们的行为与我之前的生活经历多么格格不入——其行为的确另类，不过他们包容我，反之亦然。数月来我处于半懒散状态，之后带着对正规士兵生活的适当了解离开——他们是一群这样的人，没有能力或者不情愿遵照商业化的城市社会的要求，不过在为其提供衣食住宿及友谊的部队如蝶蛹般的保护下过着一种有意义甚至成功的生活；对他们正式的管束与森严的等级制度在实践中松弛不少，一旦休假这些规定就会因惯常的放纵而被解除。

没过多久，军队人事管理不讲人情的程序匆匆打发我去弗
吉尼亚州门罗要塞的军官培训学校。由此，经过 3 个月的额外
训导，1942 年 11 月我晋升为海岸炮兵支队的少尉。我先被调
遣到波多黎各，继而是库拉索岛，在配备着第一次世界大战遗
留下来的 155 毫米重炮群的炮兵队服役。宾夕法尼亚的布雷工
兵和来自北美的其他正规士兵作为我的第一个炮兵队的配置人
员，当他们被遣送回国之后，波多黎各部队取而代之。于是，
一年多以来我指挥了一帮说西班牙语的入伍者，他们一贯不服
从军规，这是由于家庭关系迫使他们探亲归队时把军靴及其他
贵重之物留下的缘故。

我的任务是每天威慑他们，令其遵守军规："你的帽子
呢？"等此类事情。1944 年初我抵达库拉索岛之时，已晋升为
中尉，指挥 4 架 155 毫米炮和一支 220 人的军队，与我的上级
差之千里。按理说，我们的炮兵可以击沉任何胆敢袭击库拉索
炼油厂的德国潜艇。日常的"空弹演习"没有使我们真正成为
熟练的炮兵，但是也没有潜艇出来考验我们。事实上，我被迫
扮演了帝国主义者的角色，指挥着来自另一种文化的军队在异
域疆界执行准和平时期的驻军任务。1944 年我受命前往华盛顿
执行一项新的未详细说明的任务，听到这一消息，他们中一些
人竟然站成一排哭了起来！我惊得目瞪口呆。美国大陆士兵绝
不会有如此举止。但是波多黎各乡下人都是从那个岛屿的山上

48 征召入伍，没有那么矜持，而且令我诧异的是，他们肯定很信任并依赖我，尽管我用那种方式对他们发号施令！指挥官与士兵之间的情感从来没像这样坦诚、令人惊奇。回想起来，这事仍然是我生命中的一个高点：一种我从未期待或者值得拥有的成功。

如此莫名其妙地被指派到国防部述职揭开了军事管理——的确是所有官僚政治——的另一层面纱：人际关系经常主宰了例外的任命与晋升。提及此事，需追溯到在我被调遣至库拉索岛之前在波多黎各与莫斯利教授的一次偶然碰面。那时，他已经离开康奈尔大学在国务院谋职。他精通俄语，1943 年 10 月 18—30 日参加莫斯科会议，做时任美国国务卿科德尔·赫尔的翻译兼顾问。在回华盛顿途中，莫斯利在波多黎各的波林肯战场停留了一晚，正值我驻扎此地。我看见他走进军官食堂，剩余的时间我们共叙短长，讨论了铁托、米哈洛维奇及其相关的巴尔干问题。结果，当时驻守在埃及开罗的林肯·麦克维大使，后被委任前往流亡国外的希腊与南斯拉夫政府，他要求国务院给他的参谋部配备一员副武官，这件事引起了菲利普·莫斯利的注意。他想起了我们的会面，旋即推荐了我，最终他的建议被采纳，带来了上文提到的意想不到的结果。

我刚到五角大楼，便进行了一次密码学与外交礼仪的短期培训。这发生在飞往开罗，即经由南大西洋从贝伦到阿松森

岛，而后穿越非洲从阿克拉到喀土穆和开罗之前。1944年4月
1日我作为麦克维大使愚人节的礼物到达开罗，受到武官陆军
上校斯特林·拉拉比的盛情款待，没多久他就像对待儿子一样
招待我。麦克维大使批阅外交使团转递而来的所有官方文件，
他还发现我呈递的报告尚可接受，有时甚至很有价值。

　　我一直在开罗待到1944年11月，接着被派往希腊，德国
军队终于开始撤军。在那里，我拥有一辆供我所用的吉普车，
于是成为大使馆的流动通讯员，在全国长途跋涉，多半情况下
夜晚露营野外，与来自五湖四海的军官们——希腊与英国军官、
OSS（战略情报局，第二次世界大战期间美国间谍组织）的侦
探、联合国善后救济总署的官员——及所有路人谈天说地。一
位希腊司机经常（但并非总是）与我做伴，他做我的翻译，帮
忙解决难题，因为我学的希腊语尚不足以打听路途或者订餐。
但是很多希腊人——包括回国的移民——说着不标准的英语或
法语，且善意与强烈的好奇心几乎足以消除语言障碍。长途跋
涉之中，我在雅典停留小憩，在那里见证了近在眼前的共产党
领导的起义流产与接踵而来的1944年12月至1945年2月的
希腊内战。

　　直到1946年6月，我一直坚守岗位。1945年，上校斯特
林·拉拉比归国之后，我曾两次临时坐镇武官处，一架DC-3
飞机为我所用。全体机务人员急切地希望利用飞行时间以不虚

49

此行。由此，我乘飞机去开罗、索非亚和那不勒斯进行了不重要的旅行，运输物资，与情报官闲聊。我在享受着一个多么令人心旷神怡的小帝国！还有一项工作同样其乐无穷，即向华盛顿的军事情报军官们转呈我认为值得他们注意的情报。我写的大多数官方报告都是关于希腊军队不同级别内外的名人与政治——片段的、肤浅的空谈，不过马克思主义革命可能会爆发时，或暴力的民族主义者比任何类型的温和派更有力地反抗共产主义者时，我每每会全力关注。

50

一位历史学家能有比自己亲眼目睹革命与反革命，并且享有接触希腊社会的风云人物的特权这样更好的亲身经历吗？那些日子里，他们——包括共产党在内——几乎全都迫不及待地想与美国官员接洽。我享受着这种独特境遇，即与上将及政府部长们——他们以万花筒似的迅捷来而复去——还有雅典及各省受到良好教育的精英们，甚至在一些场合下与农民自由对话。这些农民的生活方式仍然有旺盛的生命力，且自 18 世纪或更早的时候几乎一成不变。当时美国在希腊充当观察者而非行动者的角色，大使馆对英国插手管理希腊事务持温和的批判姿态，但是至少在官方努力维持与苏联和英国两位盟友的合作。相应地，希腊共产党及其志同道合的游说者的立场含混不清，他们既渴望赢得美国的支持，又期待美国资产阶级谴责英国盟友与希腊民族主义一方。对待美国人的坦率——实际是热情——弥漫于整个希腊社会。甚至在饱受饥荒之苦的乡村，他们过度的有时令人尴尬的热情款待远远超出我们应得的范围。

我还近距离目睹了民众对希腊政治的强烈感情。举个例子，1945 年的一个清晨，我开车去希腊北部的一个市镇基尔基斯，故意比即将到来的希腊军队早到半个小时。基尔基斯曾经被共产党占领了一年有余，共产党领导下的镇议会热情地接待了我，向我解释了他们如何正当地进行民主选举，当之无愧地应该执政。后来新成立的仅受过部分训练的国民警卫队军营行进过来了，他们靠武力将镇议会驱逐出市政厅，尽管遭到后者的愤怒抗议。然而对此感到怀疑的愠怒的城市民众被动地注视着政权的变革。我的出现也许减少了——或者推延了——打人事件及时常伴随这种权力更迭发生的其他暴力行径，但是上演的这出小型的地方戏剧性事件令人心酸，且有很强的感染力，因为萦绕双方心头的恐惧、憎恨、焦虑不安赫然呈现在我眼前。

回顾起来，我发现在整个军人生涯里，我幸运得简直不可思议。每一种经历都因历时很久而变得熟悉，并引得与其他经历作比较，在以往的情况下，自己并未置身于个人的痛苦与危险境地。1944—1945 年英国与希腊游击队之间的战斗在雅典打响，我真正面临着战争；但是美国并未正式参战，尽管我听到无数的子弹射出，也曾两次亲眼目睹士兵突然倒下，但是我没有受伤，而且为了视察美国空军部队，我曾数次穿越枪林弹

51

雨。美国空军部队被孤立在雅典的宾馆里，就在英国人的视域范围内，美国大使馆和大部分政府办事处便坐落于此。一个人能有多幸运呢？我确实超越了极限，没有刻意试着超越，只是在我面临的那种波谲云诡的形势下做了期待我做的事情。

1946 年初，随着回归百姓生活的临近，我蓦地意识到，或许我可以撰写一本关于第二次世界大战期间希腊大事件的书。于是，我采访了政界的显赫要人，通过询问他们各种各样的历史细节来收集一些首要领袖对希腊事务的个人看法。我还收集了英国和美国见证者与参与者们写的为数不多的报告。但是就像古代的希罗多德，我主要依靠的是口述资料与对所目睹事件的个人记忆。结果就是我第一本书《希腊困境：战争及余波》[1]（1947）的出版。1946 年 7 月 4 日我回到美国之后忙碌了整十三天写成，之后作了部分的修改，把两章序言压缩成一章以取悦接受这种编排的编辑。

尽管写得仓促，且完全忽视了 1944 年 10 月丘吉尔与斯大林在希腊与巴尔干问题上达成的重要的秘密协议，但是这本书仍然经得起推敲。我对希腊的政治军事形势下所发生的事件的叙述大体是准确无误的，对其动机、希望与恐惧的判断也相当合理。我相信不管是何种语言，这本书是第一本关注旋即演变为冷战焦点之一的当代希腊事务的书，由此在美国与英国甚至在希腊颇受欢迎。但是我很快意识到左翼与右翼的评论家习惯性地从我的书中选择合乎他们口味的章节来证实他们的个人偏好。那种我认为我表达出的内容的合理复述很少出现在他们的评论中。我得出的结论是，历史书写不是准确传递信息的方式，更遑论真理。他人对我随后的著作的评论，即使是最褒奖有加者，都不曾改变我最初的看法，即相当失望地发现所谓专业交流充满不严谨之处。

我如此匆匆地下笔写作《希腊困境》是出于个人考虑。在雅典，我遇见了伊丽莎白·圣约翰·杜肯菲尔德·达比夏尔（Elizabeth St. John Dukinfield Darbishire，列出她的全名）。我了解到她的父亲是汤因比的至交好友，于是她称呼"汤因比叔叔"时，引起了我的注意。我追求了她几个月，而后向她求婚，她答应了。她在两个地方成长，一个是肯塔基，她的父亲在那里继承了一个农场；另一个是希腊，战前的几年他在雅典学院教授英语。1943 年伊丽莎白·达比夏尔在斯沃斯莫尔学院获得语言学硕士学位，然后找到一份 OWI（战时新闻处）秘书的工作。1944 年该机构派她前往希腊，她能够说流利的现代希腊语，其能力胜任图书管理员，负责 OWI 的公共形象，即负责让希腊公众能够接触到所有的书刊杂志。等到她放弃这一职位，归国与我结婚时，伊丽莎白已经在一家更名的机构即美国新闻中心转做外事人员。

伊丽莎白的语言能力比我出众得多，她的希腊语、法语和

53

德语相当流利，还会说不太流利的意大利语与西班牙语，对土耳其语也一知半解。这种语言才能令我把对语言全新的意识带入到生活中，在餐桌上养成了查阅派生词与同根词的习惯，她是我最信赖的校对者、评论者与合作者，尤其是撰写希腊问题的时候。没过多久，她便用智慧成功地培养了四个孩子。当他们不再需要她的全职照料时，伊丽莎白便接管了以芝加哥大学附属学校名义运营的附近的一家二手服装商店，并成为芝加哥大学儿童医院的固定志愿者。在那段时间，她一直料理家务，招待客人，送她那些涵养不高的邻居来往杂货店，还保证了我的教学和著述，且怡然自得、游刃有余、始终如一地这么做。伊丽莎白的支持意味着我可以心无旁骛地徜徉于我感兴趣的历史问题之中，从日常的焦虑琐事中解脱出来。过了婚后的前几年，她协助我编辑的著作减少了，但是仍至少一如既往地虽揶揄却容忍着我甚至最牵强附会的调查研究。

　　1946年秋我携同新婚妻子回到康奈尔大学，我处女作的出版过程是一种不寻常的解压，因为我从一个即将出书的作者兼美国政府的特权官方代表蜕变为一名纯粹的研究生。由于战前最重要的教授都逝世了，我成了无人指导的学生。但是贝克尔的接班人爱德华·福克斯毫无二致地指导我，《退伍军人权利法案》请求学院想办法解决战前维持我生活的每月50美元奖学金。我旁听福克斯的研讨课，选修了俄语课程，但是大部分时间用来写博士学位论文。值得称赞的是，哈里斯教授谨慎细微地督促我们做笔记，最终证明非常有用，因为我发现写作下一章时先罗列出错综复杂的笔记，而后分类整理成较小的类别，最后利用一则接一则的笔记构成一个句子或段落的基础，下笔成文。确然，这在某种程度上像一场游戏，弄清楚我可以在何处压缩没有可取之处的笔记。整理到最后，如果我记得没错的话，只有两打笔记被放置回主文件之中，没有引用，也没有述及。

虽然如此，有两个时间段，我失望地发现爱尔兰的经济、社会和农业史的具体细节枯燥乏味，且史料冗长繁复：战前做笔记的时候与1946—1947年将它们整理成文的时候。19世纪爱尔兰问题的官方报告读起来很费劲，味同嚼蜡。从通俗用法的混乱中试图弄明白马铃薯的品种索然无趣。部分由于这一原因，我并不急于把我的论文修改整理成书，这将可能需要在爱尔兰与英格兰图书馆埋头一年或者更久。我放弃该论文的另一部分原因当然是我已撰写成文的并不是我起初着手研究时打算探究的问题。但是，通过复制枯燥乏味的爱尔兰史料以及同样呆滞而无生气的法语、荷兰语及德语——更别提波兰与俄语——史料（加之语言障碍）来著述一部确当的马铃薯历史这种想法完全令我震惊。那不是我愿意毕生从事的事。1998年我写了一篇文章，陈述了关于欧洲与世界历史上马铃薯的重

55

要性的想法，最终回归到这一主题上来。我这么做就像贝阿德（Bayard，中世纪时期一匹勇武异常的传奇马）那样一无所惧，也未进行研究，是对邀请参加在纽约市的社会研究新学院召开的有关食物的会议的响应。[2] 随后我发表了其他几篇有关这一主题的简短文章，但是实现我原初的博士论文设想只走了这么远。

尽管如此，我来回研究爱尔兰历史不完全是浪费。我从中意识到伦敦与野蛮的凯尔特边缘地区——1770 年代我的祖先们兴起于此——之间、不列颠群岛内部大幅度且持续的斜坡。最值得注意的是，我还纠正了一些事实，其中口传把土豆引入爱尔兰的是沃尔特·雷利，后来证实是一位名不见经传的西班牙水手（其实是巴斯克人）所为。这一论断的论据见刊载于《现代历史杂志》[3] 的论文。这是我第一次在学术刊物上发表文章，我相信，完全没有引起爱尔兰历史学家的注意。

《希腊困境》出版不久，在我完成博士论文之前，20 世纪基金会邀请我及夫人与名叫弗兰克·斯穆泽斯的知名记者合著一本书，向美国公众解释希腊发生的一切。游击战争又一次在那个国家打响，通向杜鲁门主义的谈判如火如荼地进行着。美国正打算从英国那里接管希腊事务；"20 世纪基金会"的受托人，时任助理国务卿，游说其同僚从事一项研究来解释为什么

56

美国要卷入这场危险的外国事业。

　　战争爆发前斯穆泽斯曾是驻中国的外国通讯记者，热情地仰慕毛泽东在延安的土地改革。对他来说，希腊游击队员也是一样的；他对他们的同情与我在美国大使馆工作数月了解到的大相径庭。结果，从一开始我们的合作关系就很紧张。斯穆泽斯作为一位资深作家负责书稿事宜，且平心而论，他迫切地要亲自去观察，准备冒一个成熟年龄段的人不应该冒的险。至于我妻子和我，我们当时年轻无知；所以在他的带领下我们开着租来的吉普车在希腊跋山涉水，而不顾遍布的地雷，有两次横越了游击队的地盘。有一次我们以沃洛斯附近游击队的客人的身份在山顶睡觉，却在次日清晨下山的时候被一位怒气冲冲的希腊军官逮捕。后来我们在阿尔巴尼亚边境附近的一个村庄度过大半天，而两个游击队童子军犹豫地等待报信者带着是把我们奉若上宾还是作为俘虏的指令从总部返回。但是我们准备开车离开之前，报信者尚未回来，于是这两位持来复枪的游击队员——不超过 12 岁到 14 岁的年纪——急匆匆地与当地村民达成共识，他们从一开始便认定我们是贵宾。

　　通过与希腊游击队及实际（有时不情愿）供应他们每日所需食物的村民的接触，我第一次理解游击战怎样以及为什么演变成一个巴尔干的传统。当我们与希腊北部山区的当地居民交谈时，他们习惯性地从两个方面描述自身的状况：当地的食物

57

供给足够养活他们村庄的月数与从外面输送食物的月数。有且只有三条途径可以这么做：（1）从旅居国外的亲属那里取得现金汇款来购买食物；（2）作为收割者和其他形式的移民劳动力去工作来获得货币或实物报偿；（3）持械靠武力威胁从平原区的居民那里抢夺食物。反过来，通过援引任何实用的政治意识形态——18和19世纪从土耳其人控制下获得民族解放，或者20世纪社会公正与共产主义革命——这种土匪行为被合理化。

我把这种见识归功于与弗兰克·斯穆泽斯为我们探索到的希腊游击队真实生活。这的确是一份人情债，但同时这份人情债因如何报道我们所闻所见持续存在的分歧而大打折扣。他只看表面的政治标语，渐渐认为平原的农民情愿支持游击队，因为他们共享同样的政治信念。我的怀疑仅在一个注脚中便得以体现。况且，斯穆泽斯很快表现出他不具备将其材料组合成一本连贯通透的书的能力，最后20世纪基金会雇用了一位改稿员来编辑一堆分散的感想与信息，命名为《关于希腊的报告》[4]。即使这样，出版的这本书包含了很多惹人厌烦的脚注与脚注的脚注，斯穆泽斯和我在其中公开发表我们的分歧。我下定决心再也不与他人合著一本书。

58 　　等到这本书出版的时候，我已经完成了博士论文。在给哈钦斯校长写信寻求一份工作之后，我被任为芝加哥大学学院的讲师，1947年秋开始执教。以后的40年里我都是芝加哥大学的教职工。除了一个孩子之外，我其他所有子女都在那里出生，我大多的著作也成书于那里。我发现芝加哥大学拥有一种支持性的环境，且从未希望是其他地方，纵然有时学术风暴横扫我们的校园，而且我还参加了大多数的学术风暴。

在战争期间及战争一结束，该学院重组，更好地体现了哈钦斯校长的自由教育理念，尽管实际上理查德·麦基翁是大多数新课程背后的筹划英才。这种课程体系在某种意义上对历史学者不友好，因为麦基翁像亚里士多德一样，认为历史是最不哲学的学科，只不过是信息按年代顺序排列的组合，而其他学科或许从理论上利用这些信息。相应地，历史在课程体系中以文学形式出现，被列入人文学科 II 课程来学习，学生阅读少数著名历史学家——其中主要有吉本和托洛茨基——著作的节选。但是这种课程体系导致芝加哥大学研究生不知道马丁·路德是在《独立宣言》之前还是之后、西塞罗与柏拉图是否是同一时代的人，人文学科与社会科学的研究生院表示抗议。为了更正这一缺点，我被聘用帮助开设一门被称为西方文明史的新课程。经过激烈的有时面红耳赤的争执，这门课程最终取代了必修课程中的一门开设已久的旧版课程。

于是，我开始教授人文课程 II，作为教职工委员会的一员负责实验性的新历史课程的教学设计与授课。我们的全体成员形形色色，包括少部分德国流亡者，其他背景和我相异且彼此

59

不同的人员。或许由于这一原因，我们设计的这门课程被证明是哈钦斯学院开设的历时最长久、最成功的课程。至今芝加哥大学仍在开设西方文明史，就我所知，仍然使用我写于1949年的手册。该手册将所有不同的阅读材料串联起来，这些阅读物便构成了该课程的骨干。

接下来的七年，教授西方文明史课程意味着我年复一年地重新探究欧洲历史的核心问题，从古代希腊到20世纪。我每周还参加教研会议，讨论下周课堂上布置的读物如何设计最优。在课余时间，我们搜集新的更好的阅读材料，翻译古代和现代语言的文本以备来年修正的课程之用，且一般后一次课程是对前一次课程的损益。通过这些交流，我更加了解德国的思维模式。我尤其记得厄恩斯特·特尔慈教授的论文《文艺复兴与宗教改革》，他把论文置于观念史之下，既吸引我又困惑着我。他是怎么了解这么多的呢？像"文艺复兴"这种抽象名词真的像人一样可以自我表达吗？同时，麦基翁与学院的绝大多数教职工对历史学家声称尊重思想持怀疑态度，这一事实使我们永不懈怠，因为在更友好的思想氛围里不会出现这种事。所以，这是一种拓宽与加深我曾经学过的历史学识的绝佳环境。

在全职教学的同时，我匆忙完成《西方文明史纲》[5]（1949）——只有两本书是在这种分心的状态下完成的，这是其中一本，我的父亲也几乎是在这种分心状态下完成他差不多所

60

有著述的。我的方法是一边在我旁边的桌子上打开一本标准教科书以校对日期之类，一边把便携式打字机放在我的膝盖上保持平衡，根据大脑的记忆总结我在写博士论文时的所学，偶尔我也巧妙地融入自己的想法。这本《西方文明史纲》自此不断修订，最近一次是1986年。尽管该书很多东西肯定会不断被淘汰，但在当时我编著时每年仍然可销售几百本，成为我著述中最畅销的书。

但是教授西方文明史不是我所计划的撰写世界历史的筹备工作。在教学的第七个年头，有一次召开教职工会议，在其中我最尊敬的一位同事开始讲话之前我已经知道他要说什么了，我意识到了报酬递减期已经到来。因此，我欣然接受了历史学院的邀请，加入了它的行列，开始定期给研究生代课。（从一开始我已插入了历史学院，戈特沙尔克教授劝告我，坚持认为我有权利每年教授一门时长3个月的巴尔干历史课程。）尽管如此，在成为历史学院全职教师之后，我在该学院有了立足之地，继续给本科生代课。他们乐意对我所授知识感到惊奇，并随时准备质疑我所讲的，这总是对我的一种补益。

1951—1952年我在芝加哥大学的早年阶段中断，当时应阿诺德·汤因比之邀，赶赴伦敦为英国皇家国际事务学会写书稿。1923年至1938年之间汤因比个人编纂《国际事务概览》。战争期间该年鉴被搁置，和平年代汤因比决定不继续从事这项任务，转而希望将其主要精力用于完成他的鸿篇巨制《历史研究》上。但是他的确劝服洛克菲勒基金资助口头上称为的"战时概览"，我是他为这一目的招募的众多著者中的一员。

这一邀请再次证明了人际关系多么深刻地影响了我的事业生涯。1947 年 3 月，在肯塔基州，承蒙岳父罗伯特·谢尔比·达比夏尔介绍，我第一次在他家中遇到汤因比。这时正处于汤因比在美国声名鹊起之时，因为亨利·卢斯热衷于汤因比对马克思的驳斥。他对马克思的驳斥作为《时代》杂志 1947 年 3 月 17 日——恰好是杜鲁门主义在华盛顿宣告之后的第五天——的封面故事得以宣扬。罗伯特·达比夏尔和汤因比在牛津大学贝利奥尔学院是本科生时代的故交好友。当我听说这个曾经如此深深影响了我致力于历史研究的雄心的人将要拜访我的岳父，我千方百计参加这一聚会。

我们两个初次会面很愉快。汤因比当时写卢斯委托的文章很随意——付过稿费但未出版，因为文章不认同卢斯对即将到来的"美国世纪"的宏伟愿景，这使我震惊。汤因比好像完全没有意识到卢斯的刊物当时对美国社会产生的影响力。承蒙他与我讨论当代事务与历史问题，我深感荣幸。另外，他给我留下深刻印象的是他欣赏肯塔基乡村的生活方式——比如，当他参观记忆中早年参观过的水牛舔与阿巴拉契亚山农场时，他追寻印第安人与边疆生活的印迹。我从来没有遇到过任何人会把

61

美国乡村风景视作人类过往的缩影。他是不自觉地这么做的，事实如此，因为他在英格兰、希腊和他旅行的其他地方习惯于做同样的事情。

　　我可能给他留下了良好的印象，或者汤因比邀请我只是因为他依靠人际关系来招募"战时概览"的著者的结果，其中一些著者无法胜任这项任务。1950年秋当我如期到达伦敦时，我仍然清楚地记得汤因比邀请我承担1941—1946年反法西斯同盟大国关系这一核心主题时犹豫不决。他要求我写一个样章，大概担心我会磕磕绊绊吧。然后我按时提交样章供其审阅，之后，他邀请我继续编写——或许带有一种如释重负的感觉。

　　往后的两年我直接在他的督导下工作，几乎每天都能在地下室餐厅看到他。在那里工作人员一日碰面两次，上午11点喝咖啡来提神，下午3点第二次碰面。温暖身体以抵御严寒是非常必要的，因为与我共用一间高屋檐下的办公室的一位女士坚持打开窗户，温度不高的电暖气无法抵挡敞开的窗户。在桌子旁边坐上几个小时后我的手指经常因寒冷而变得僵硬，但这没能阻止我在最终长达768页的《美国、英国和俄国：它们的合作和冲突，1941—1946》[6]（1953）上取得稳步进展。

　　与《希腊困境》相似，这本书是相当传统的政治史；也如其先前的书刊，回头来看它很能站得住脚，即使一些战时外交

62

的重要方面——例如，秘密电码的解读——我完全一无所知。然而，这本书没有引起注意，被湮没在一系列繁杂的作品里，一些作品相当粗劣，构成了"战时概览"，是它随着汤因比临时的生产线一卷一卷出版的缘故。但是它的确为我赢得了在芝加哥大学的长期任教，1955 年我晋升到历史学副教授的级别。

《美国、英国和俄国》的主要依据是一批剪报，由英国皇家国际事务学会的图书馆职员谨慎保管。每天一班年轻的女性从西欧和美国一打或者更多的大报上剪下新闻，将这些剪报分类装箱，按照不断变化的、考究的类别排列安放。由此，我可以咨询比如说他们关于雅尔塔会议或者其他外交事件有什么资料，便立时可收到许多预先分好类的同一时期的报道。在这种环境下，做笔记大可不必。相反，我利用铺展在桌子上的相关剪报，以购买到的少数当时已出版并可资利用的回忆录副本为辅助来著书。自从阅读了汤因比的第一卷，我便计划写作一部世界历史。1954 年我真正腾出时间下笔，这次经历使我大胆放弃使用笔记，后来证明这是我在汤因比督导期间学到的最重要的事情。

他自己的方法是与众不同的，其特色在于把冗长的笔记——往往是一段话或更长的一字不差的誊写——收录到带有封面的笔记本中，不是按照主题而是按照他阅读的先后顺序逐一排列。我开始从史前史——一个完全陌生的主题——着笔，不知道应该关注什么，忽略什么，所以 1954 年汤氏方法在我看来没什么潜在价值。但是我的确有芝加哥大学图书馆体系的优势，教职工可以无限期地在其书桌上保留书刊，或者保留到其他人提出阅读这些书刊的请求。我很快发现差不多六周时间我可以记住在哪里看到了感兴趣的东西。在那段时间我浏览尽可能多的书籍和文章，时刻留意自认为至关重要的事件，我得以了解什么最重要，选择什么来书写。我插入脚注时把相关史料摊开在眼前，以此简单准确地为章节加脚注。

六周有余的初步调查研究被证明白费时间，因为我忘记了一开始便应该重点关注值得花费时间收集的信息。于是，即使我没有自发地形成一定的理解模式，六周后我养成了这样的习惯，即停止阅读、整理思绪、专心致志地构架预期的章节。有时构建一种合适的体系要花费几天的工夫，但是坚持两三天的话，曾经令人费解的困惑，亟待条理化的碎片化提纲和事件一览表，突然有一天变得可以理解。这种情况通常发生在饱睡一晚之后次日清晨坐下来的一霎间，大概由于夜里发生无意识的精神活动的缘故吧。诚然，这种豁然开朗的时刻时常需要进一步阅读该章前面的部分，反过来需要对初始的提纲稍作修改。一旦每个后续章节的基本框架成形，这些工作便不难完成。

逐章理解人类的过去这项思想工程是我所从事的最艰难最

64

持久的任务。它耗时八年之久，期间我仅仅出版了一本关于当代希腊的小型纪实书。但是我得到了大学内部的支持，举个例子，当我告诉时任校长的乔治·比德尔我的计划时，他大致意思是说，他很高兴我正在从事一种他可以理解的历史。在学院内部，我受益于芝加哥大学资深欧洲史学家路易斯·戈特沙尔克教授的鼎力支持。他自己的代表作，一部拉法耶特的传记，刚刚遭受不可挽救的灾难，原因在于一位年老的法国贵妇断然回绝他查阅一些拉法耶特的文件，这些文件仍然封存在她的阁楼里。戈特沙尔克已经穷尽所有相关史料，所以这一断然回绝毁灭了他完成一部权威的、详尽的和永远真实的拉法耶特生平记录的希望。他的整个事业生涯戛然停滞，而后决定同意编辑一本由联合国教科文组织资助的《科学与文化史》，该书被称视野是全球范围的。我相当肯定的是，不管有没有戈特沙尔克教授的赞许，我都会书写这本大部头，但是他对我过于自负的雄心的支持当然使我开始时更容易投入此项任务之中。

我还有从教学事务中抽身这一难以估量的优势，战后的基金会使美国学者做到这点前所未有地成为可能。于是，1954—1955年我借助福特基金会为"提升教职工素质"的拨款着手写书。但是我脱离与同事和学生之间的联系，隔离一整年比自我感觉舒适惬意的时间长得多。事实上，随后我不得不抛弃第一年里写的很多东西。机缘巧合的运气再次降临——这次我受邀参加芝加哥—法兰克福联合研讨会，旨在希望纳粹粉碎后德国与美国学者会聚一堂。从 1956 年 3 月至 5 月，我感觉应该为法兰克福大学会议准备一篇名为《古典主义与文明的衰落》的论文，以期在德国—美国联合专家研讨会上宣读[7]。这要求我空前提高我的德语水平，我倚重芝加哥大学同事那位生于奥地利的妻子把我的论文翻译成得体的德语，并在出席会议前训练我的发音。在法兰克福的几个月还赐予我考察德国与奥地利的欧亚历史学术研究的良机，我不久发现大草原上的游牧民族比我之前理解的重要得多。

我回到芝加哥大学，希望重新开始书写我的大部头时，意 66 识到根据我调查的战前德国学术研究，已经成稿的大部分需要作根本修改。我的调查研究在冯·戴程德小姐的指导下进行，她是法兰克福大学科学史教授威利·哈特纳的助教，其本人也是令人敬畏的学者。显而易见，我若想完成此书需要远不止一个夏天。于是，我向卡内基基金会申请，提出五年的拨款资助，每一年有六个月供我阅读写作。这是我想到的足够长的时间来继续以最高的效率撰写此书。很幸运，基金会同意了我的申请，所以从 1957—1962 年我以六个月为周期交替进行普通的学术任务与紧锣密鼓地撰写大部头著作这两项任务。

芝加哥大学记录了我与西北大学历史系教授 L.S. 斯塔夫里

阿诺斯参加的一场非同寻常的卡德利尔舞。在芝加哥大都会社区我们两所学校历来是竞争对手。稀奇的很，斯塔夫里阿诺斯也出生于温哥华，比我早生几年，而且在战争期间他是华盛顿战略情报局的情报分析专家，还阅读过我从希腊发回的报告。之后到1948年我被邀请评审他向《斯拉夫与东欧评论》提交的一篇有关希腊内战的文章。我与他的很多看法相左，然后编辑请我也写一篇文章来陈述自己的观点。因此，我们的文章同时在1949年出版，观点针锋相对。当时，我已经开始在芝加哥大学教巴尔干历史，由于有关这一主题可资利用的唯一一本英文书是在第一次世界大战之后不久书写的，且主要是一部外交史，所以我打算编写巴尔干通史。但是早在我准备撰写之前，斯塔夫里阿诺斯已经出版了《1453年以来的巴尔干》[8]，我认为他已经为我做了这份工作。

后来芝加哥大学与西北大学的历史系教职工举行每年一度的联谊晚宴，我们面对面地相遇了。斯塔夫里阿诺斯像具有希腊血统的人一样，是一位活力四射、慷慨大方的东道主。但是我们彼此都小心谨慎：他是马克思主义者，我是反动分子，至少在他眼里。直到我收到一封卡内基基金会寄来的信，信封外面是寄给我的，而里面是寄给斯塔夫里阿诺斯教授，说是他后来编写很成功的一套世界历史教材的资助拨款已经被批准，这时我才对他一直以来考虑书写一部世界历史之事略知一二。

67

我将此信转寄给他，不久之后我收到了一封给我的信，地址却是寄给他的。把我们的信装错信封的那个人一定对我们事业的交集甚是好奇；我没有追究卡内基基金会的职员这是怎么回事。两项事业的交叉的确看起来令人吃惊，如同我们两人不论是在巴尔干史或者世界历史从未进行过真正意义上的沟通一样。但是从那时起，我们已经是劲敌，且从一开始就清楚这点。

现在回到关于我的巨著的故事上来。在根据我在法兰克福的经历重写第一年的绝大部分手稿之后，我发现可以指望每三个月写一章，尽管1957年5月我的第四个孩子出生时，速度有些缓慢下来。不管怎么样，1962年初我完成了第十三章和最后一章。但是成稿的文本太长以至于不能出版为一卷。我严肃地对待此事，因为该书的价值在于它看待事物的宏观视角，而多卷本的作品通常作为查阅之用而非阅读。因此，我想有必要删减百分之二十的书稿以适合一本书的篇幅。这花费了大半年，当然我删减了有价值的段落，还试图伪装由此导致的自我伤害时，我常常感觉自己在损害该书的可读性。但是无论如何我坚持删减，1962年下半年如约给芝加哥大学出版社交付了减缩过的约1100页的书稿。 68

我在便携式的安德伍德无声打字机上打印了《西方的兴起》的手稿。这台打字机是父母送给我的21岁生日礼物，父亲为它题诗一首，寄望我能够用它来"书写有永恒价值的书"。我仍然拥有这台机器，且对我或许真的在用它来实现父亲的期望这一想法心满意足。然而，实际上大多数的打字工作都是名叫简·怀特耐克的研究生完成的，她年复一年地以完全不同寻常的精确度与速度不断誊写、重新誊写已严重破损的打字稿。若然没有她娴熟的打字支持，在那些没有电脑的日子里，我断然无法顺利完成所有那些修改的稿件。

汤因比的影响及其身后悠久的学术传统引导我选择独立的文明作为世界历史图景的主要行为体。另一方面，我摒弃了年轻时无比重视的周期范式，反而着重强调周围文明和民族之间因互动与交流带来的持续不断的创新性影响，尤其秉承我在雷德菲尔德和其他人类学家那里习得的，特别关注的技术转移。这是我与汤因比的主要分歧所在；在伦敦我们喝着咖啡交流却未深刻探讨这一问题。1950—1951年汤因比不再对新观点感兴趣。他反倒不顾一切拼命地详尽阐述30年前他为自己设计的这一计划的点点滴滴，目的是出炉《历史研究》的最后四卷。令我吃惊的是，他这么做显然不仅是漠视我的及其他人的怀疑与异议，而且无视他自己观点中的自相矛盾之处。

69 　　由此，1951—1952年我与汤因比之间的交往就像再次与我父亲般的人物决裂。我发现他的瑕疵就像我早些年发现父亲的一般。在他死后，汤因比夫人邀请我写他的传记，我发现了其他的缺点，比我 20 世纪 50 年代意识到的更严重。因此，《阿诺德·J. 汤因比的一生》[9]（1989）写起来是一本艰巨且令人失望的书，因为我对他扩大了历史意识的赞誉——虽然是发自肺腑的——全然因我的下述记录而黯然失色，即在第一次世界大战期间与之后，他利用虚假的医疗检查借口躲避军事服役、逃避战壕里的恐惧与悲苦，他对这种自我背叛与后来的掩羞也深感内疚。

够讽刺的是，我这套被定名为《西方的兴起：人类共同体史》[10]（1963）的大部头著作好评如潮，恰好仰赖我与汤因比的决裂。因为当《纽约时报》委托休·特雷弗－罗珀教授写书评时，他视之为对汤因比的观点——即西方文明是其他文明负有罪责的侵略者——的驳斥而欢呼之至。1957 年罗珀作为新指定的牛津大学历史系钦定讲座教授，曾经以漫画形式讽刺了汤因比在《相遇》杂志上发表的有关野蛮的文章中透露的战后预言性与宗教性倾向。六年后，他对我的作品不吝溢美之词，再次利用我的书抨击了汤因比。以下是他的原话："这不仅是致力于叙述与解释人类整体历史的最博学、最睿智的书，而且是最激励人心、引人入胜的书。……阅读此书是一次伟大的体验。共鸣之声在回荡，种子已在心灵深处萌芽。"这种狂热表达被刊登在圣诞节数周前《纽约时报书评》头版。多亏了特雷弗－罗珀，我的书一时间成了畅销书，第二年还获得了历史与传记类国家图书奖。

70

对他异乎寻常的溢美之词我仍觉局促不安。一方面，我同意我的书比之前的其他书更能恰当地称为世界史。另一方面，我细部的、哲学的学识远不如汤因比和不胜枚举令人敬畏的其他学者，这点我心知肚明。我还相信，我对远距离和不同社会之间如何互动的解释比之前要更胜一筹。但是该书也存在严重的弊端，有些我已经在发表于《世界史杂志》[11]（1990）上的评论文章中指出，并附加到该书的最新版本里。其实，我之后最重要的书是对为数不多的弊端的修正，可以说是《西方的兴起》扩充的注脚。因此，该书对我的学术生涯至关重要：一本我之前为之做出种种努力的书，也是一本我后来很多（不是全部）所思所作承袭下来的书。总而言之，我为该书备感骄傲，诱使自己认可特雷弗－罗珀的夸张说辞——虽然它也使我难为情。

回顾起来，在我数年来致力于《西方的兴起》过程中所牵涉的无可计数的发现里，有三次思想交流历历在目。一次是与路德维柯·巴克霍夫的接触。他写的关于中国青铜器的作品令我确信艺术的确可以充当史料。我必须承认，它只是以隐喻的形式，敏感地折射社会变迁。但是此后，当探究历史时，我试图既着眼于文本又着眼于视觉艺术。我还花费相当多的精力为《西方的兴起》精选插图，以希望使用它们更直观地表达我不得不用语言表达的话。

在我阅读与参考的众多书籍里，最吸引我的是费尔南·布
罗代尔的《菲利普二世时代的地中海和地中海世界》1949 年第
一版。这本书对我的影响如此巨大，其原因在于它扩展了我先
前对地中海地形及人类在平原、山地与海岸的居住模式的理解，
并使其明朗化。写当代希腊时，我接触了这一主题，但是从来
没有将分割成块的希腊视为一个整体，也从来没有想过其历史
深度及意义，直到拜读了布罗代尔。

在芝加哥大学共事的同事中，最重要的是马歇尔·G. S. 霍奇
森。他比我年轻几岁，在东方学研究所的古斯塔夫·冯·古鲁伯
的训练下成为伊斯兰学专家。我刚开始知道他时，他正在芝加
哥大学教授一门新开设的伊斯兰文明课程，并为该课程编写一
本手册，该手册最终扩展为他死后出版的三卷本杰作，即《伊
斯兰文明的历程》[12]。我留意到他业已在联合国教科文组织资助
的杂志上发表了一篇世界历史的文章，但是他从未告知，直到
1968 年他英年早逝之后我才意识到他的宏伟壮志与我的不谋而
合——书写一部真正的世界史。

作为社会思想委员会的成员，霍奇森加入社会学系成为教
员，他们的办公室在社会科学办公楼内与我的毗邻，所以我们
时不时在大厅里不定期碰面。我记得，有一天我站在办公室外
面与他探讨阿克巴在印度出台的宗教政策是否是在彼此冲突的
萨法维王朝与奥斯曼帝国的伊斯兰教之间寻找方向。我想很可

能是的；他将我的观点考察一番，但是没能用他最初的反驳使我信服。突然，他中断我们的辩论，解释说到了他的午饭时间，他本要去学习土耳其语而非与我争论。以同样非正式的方式，我们还讨论过 15 和 16 世纪的"火药帝国"，我想可能是他创造了这个现在比较熟悉的词组。"火药帝国"必定在我们讨论过程中出现过，而且我确信我是第一次在那个讨论中听到——且迅速接纳了——这一词组。

72

如果是这样的话，那么这是我意识到的欠马歇尔·霍奇森唯一确切的人情债。我们之间有隔阂，他是虔诚的贵格会教徒与一神论者，而我两者都不是。他喜欢学究式地矫正从阿拉伯语和其他语言翻译过来的音译，而我更偏向使用专有名词不精确的常见形式。或许霍奇森发现，我比他早先一步撰写了他意欲着手的这类世界史，这让他感到不安。他的写作挥洒自如却语言生硬，且《伊斯兰文明的历程》未竟他便英年早逝，更遑论其世界史。鲁本·W. 史密斯，一位年轻同事经过四年热忱的努力出版了《伊斯兰文明的历程》；埃德蒙·伯克三世后来整理了他分散的世界史作品，1993 年以《重新思考世界历史》之名出版了其中一些作品。

大体而言，历史系的同事兼教授甚至没有浏览过《西方的兴起》。毕竟，谁有精力阅读一本长达 829 页非自身领域的书呢？即使霍奇森也从未跟我聊过此书，芝加哥大学其他同事亦如是，除了诺曼·麦克林和古斯塔夫·冯·格林纳鲍姆两个例外。前者告诉我"除了个别句子外"该书可谓上乘之作，后者有一次我们结伴走回家时他随口评论道，《西方的兴起》应该比"它本身更好"，或者是大致意思的话。这是一种恭维，也大概反映了他的认识，即我只会阅读英语、法语和德语，当试图理解其他民族时只依靠可接触到的译文。固然，依靠二手材料会导致错误，精通语言学的历史学家们经常以此来责难世界史。我在回应中指出，专门化的后果是鼠目寸光，这同样造成错误。只有不同领域的历史学家之间紧密持续的交流，从最微观的问题探讨到最宏观的问题，才能有望弥补每一学术领域的缺陷。

73

时至今日，多亏了伯克爬梳霍奇森的文稿，我了解到尽管霍奇森把我的书作为"书写的第一部真正的世界史"，他仍然指摘我缺乏"基本的哲学素养"，亦没能认识到"整体的世界历史形态的发展是个别事件的背景"[13]。我认为这些指摘很合理，虽然有点苛刻，而且但愿霍奇森在世能够阅读《人类之网》（与我的儿子约·罗·麦克尼尔合著），这是我最近一部也是最后一部力图把世界历史置于更恰当的哲学与地理框架之中的著作。我想知道他将会怎么评说此书，更想知道如果他活着完成他自己的世界史会怎样。

不过，就像我与斯塔夫里阿诺斯的竞争一样，霍奇森和我几乎同时怀有这种相同的抱负来到芝加哥大学，而后一起生活，从未真正郑重地交流过，这纯属奇怪的巧合。我过去常常猜想，如果他的世界史出版了，两书将旗鼓相当，而不会使我的书黯然失色，只因为他的文采不彰。或许通常而言，像柏拉图与亚里士多德是哲学双璧那样，我们可能会是开拓世界史这项庄重的思想事业的双雄。可惜，48 岁那年霍奇森沿着海德公园街道慢跑时猝死，他实现雄心壮志化为虚有，而我幸存至耄耋之年，所以能够继续探求比 1954—1963 年实现的更多的合宜的人类历史的构思。

74 　　关于该鸿篇巨制的最后三点评论。我尽力一丝不苟地校对《西方的兴起》，但是精准和缜密绝不是我的强项。结果该书的第一版里排印错误和其他细小的错误俯拾皆是。我自己发现了一些，读者和评论者向我指出了其他错误。所有这些错误都及时被录入我至今还保留着的原始拷贝上。大部分错误在之后的印刷版本里得以剔除，但是我没有核实以确保所有的错误全部被清除。环衬在我的原始拷贝卷尾空白页是长长的勘误表清单，既让我蒙羞也提醒我们弄清楚细节多么困难。我已经出版的每一本书，除了唯一的一次例外，在我前几分钟的检查过程中至少会有一个排版错误跳入我的眼帘。但是没有一本书的错误赶得上《西方的兴起》必须修改的密密麻麻的细小错误。

　　总而言之，《西方的兴起》成为里程碑式的书，其原因在于它表明了不同的事实、不同的相互关系和不同的理解如何从全球范围的历史探究中呈现出来。仅仅通过跨越边界的审视，通过探究被分割开来的关于世界不同地区的历史知识，以前未意识到的各种关系和似是而非的联系就一下子展现了出来。由此，不同于文明史和地方性国别史的世界史开始出现。虽然正如霍奇森意识到的，我的书仍保留了不止一点点的欧洲中心论，且对欧亚地区的分析远比非洲与前哥伦布的美洲更加恰如其分，我可以接触到的那些地区的历史知识当时（且现在仍然是）是支离破碎、杂乱无章的。

最后，我撰写《西方的兴起》这本书的雄心壮志比评论者注意到的远大得多。当然，我选择的这个书名本身即与斯宾格勒（和汤因比）形成对比。它或许是个失误，因为本书的核心篇章不是西方在书名中的地位——就像很多操之过急的读者认为的——而是虽然一连串的其他文明在过去的时期占据了主导性的地位，但结果却将尊贵的地位让位给新来者，类似事件有可能在将来发生。正如我在结束语所评论的，未来的权力掌握者"即使非西方人也只能应用源自西方的特性诸如工业主义、科学和通过主张民主政治信仰而削减权力。"[14]

但是我确信我的书绝非仅仅是对斯宾格勒与汤因比的修正。相反，我意在将其作为取代基督教世界观的世俗世界观。我稍微改动了弥尔顿的《失乐园》里的对句，放置在该书扉页，透

75

露了上述想法：

> 我力求理解，假如可以的话，
>
> 以将人对人的方式合理化。

该书开篇第一句话模仿了《创世记》，说道，"人类历史之初一片混沌"。但是似乎没人留意到这些别出心裁的文学性比喻，也没有意识到我追求思想的雄心过于自负。

《西方的兴起》的优缺点就这么多。探究我的思想如何在我的后半生继续演变需要另写一章。

第三章

从《西方的兴起》到《瘟疫与人》

（1963—1976）

1963 年出版《西方的兴起》到 1976 年出版《瘟疫与人》， 这些年在许多方面可谓我事业的黄金时代。1961 年我担任历史系主任，滋育了这种抱负，即扩大历史系的规模以囊括世界各个角落的历史。校长乔治·比德尔和教务长爱德华·李维鼓励我尽情尝试，六年后当我卸任之时历史系人数几乎翻了一番。新领域——印度、日本、非洲、墨西哥和奥斯曼等国历史——和新主题——黑人历史、欧洲思想史、社会史与科学史——皆可说明历史系的扩充；一些加入我们的学者在其各自专业都是国家级佼佼者。

但是意想不到的负面效应很快显而易见。尤其是，历史系规模太大以至于不能尽职尽责地自我管理。那些就任命和晋升投票表决的人，除了自己的领域，对其同事从事的领域没有充

78 足的了解，但是不管怎样却以勉强的有时异想天开的理由投票。终身教授与非终身教员之间的摩擦日渐增多，历史认知上的分歧不久导致派系丛生。1965 年我们否决了杰西·雷米什的终身职位时，学生抗议也是此起彼伏。雷米什，一位美国历史学家，培养了一群学生激进分子，而忽视了把他的博士论文抽出一部分发表这一传统的生存策略。但是这没能阻止他的支持者们控诉我们对他持有政治偏见。

第二年，社会学系同样的事例引发了旷日持久的行政办公楼内的静坐抗议。给静坐抗议火上浇油的是，在越南战争正在分裂这个国家的时期，男学生因享受豁免应征入伍的特权而觉得局促不安；以及女性对传统上学术的职业发展遭遇阻碍的失意（这种失意合情合理）。这些争执前所未有地分裂着这个大学群体。我发觉对一些同事的行为给予尊重越来越困难，他们也厌倦了我。于是，1967 年我回到教授舒适优越的生活，如释重负，却对于我的同事们没能珍惜或者关心历史系作为整体的历史事业很是失望。

四年以后，我担任了《现代历史杂志》的编辑。这一期刊专门研究 1500 年以来的欧洲历史，1920 年代作为那些感觉受到 AHA（美国历史协会）亏待而义愤填膺的欧洲主义者们的传播媒介而创刊。创刊伊始，芝加哥大学的教授编辑这一期刊，这部分是因为芝加哥大学负责出版，部分因为芝加哥属

于那种介乎主要立基于威斯康星反叛的中西部人和继续经营　　79
AHA 的东部权势集团之间的调停者。等到我接管之后，《现
代历史杂志》已成为东部权势集团的一部分，也成了年轻历
史学者热切发表学术文章的地方，他们的文章通常都是摘自
博士学位论文，以此希望具有终身教授职位的资格。

　　我担任编辑一直到 1979 年。在我主笔期间，提交的论文数
量远远超过了有效的空间。由于录用与不录用的标准时常很武
断，我尝试着通过拍摄一些有附加值的手稿作为出版物的增补
形式，但是这种方式并未真正令人满意。为特刊约文章，就像
1977 年我向布罗代尔约稿，意味着将应该出版且极度渴望出版
的助教排除在外，因为原本 20 世纪 60 年代学术界如此强势的
扩张却在那些年突然逆转。作为一名编辑，我尽最大努力向各
类历史学术研究敞开大门，并在阅读投递到《现代历史杂志》
的大批文章，决定是否建议修改、转入外部评审（并希望通过
评审）还是拒绝手头的稿件这一过程中自得其乐。这使我与整
个美国很多年轻的现代欧洲历史学家保持联系。加之我先前在
芝加哥大学历史系担任主任，更将我牢牢地纳入到这一专业学
术圈里，虽然与其说是作为世界历史学家，不如说是一位（或
许无为的）欧洲主义者。

　　这些年两次与教学无关的冒险举动值得注意。一次是 1967
年为庆祝铀原子能量首次受控释放 25 周年，商讨将亨利·摩尔

的雕像《核能》搬迁至芝大校园。1942年12月恩里科·费米在斯塔格足球场上一个废弃的足球看台下面曾主持这一决定性的试验。为了解决剩余辐射，后来这个看台被推倒，这个场地变成了一个看了让人生厌的地方，路面残破，杂草从链条钢丝藩篱后面的裂缝间生长蔓延开来。在这条钢丝上挂着一个青铜公告牌，原本是计划装饰足球看台的门口，它告诉路人这里是曾经放置放射性反应堆的原址。有一天经过这个原址，我看到眼前这些杂草和斑斑锈迹，想起以前暑假第一次参观维也纳时在维也纳的环城大道上目睹了帝国荣光里程碑式的庆祝，这两者之间的反差把我震撼得不知所措。我认为芝加哥大学理应做得更好，并开始坦率说出这一想法，结果我担任了三人委员会的主席，去调查建设一尊纪念性的雕塑与一栋大楼来安放这个复原的石墨堆——这个大物体至今仍储存着——的可能性。

艺术系的哈罗德·海登教授和该大学的建筑师是三人委员会的其他两位成员。在这个高雅艺术商业化的世界，我们的大胆之举错综复杂（且有时滑稽可笑），不便在此详述。一言以蔽之，在意大利建筑师皮埃尔·路易吉·奈尔维的设计下，我们很快放弃了在高耸的混凝土屋顶重新建立原来的反应堆的想法；相反，我们将关注点集中于在原来放置反应堆的精确地点上建立一尊雕像，邀请亨利·摩尔为我们成功做到这点，尽管我们没有钱支付给他。但是一次幸运的偶然——且是一次机遇——即正值第 25 周年纪念来临之际，我们手头握有必要的资金。我们甚至还设计了相称的底座来安放亨利·摩尔 14 英尺的青铜雕塑。数日前，起初试验团队的幸存者聚首，纪念他们的作为并观看如今孀居的劳拉·费尔米为一尊雕塑揭幕。在我看来，它是一尊为纪念一件值得纪念的重大事件的雕塑。

我认为这是一次实实在在的成就，不论对个人还是整体上对大学而言。因为摩尔的雕塑体现了核能释放深远影响的两面性——震慑和蕴含其间的希望——它的气质引起人们的畏怯，威慑那些愤怒的抗议者在上面涂抹宣传标语之类的。雕塑揭幕献词的第二天，爱德华·李维对我说，现在大学更脆弱了，由于摩尔的雕塑必定成为反对使用核能者抗议的焦点，将需要警力保护。然而，只要我在校园一天，至今就我所知，雕塑从未被损毁。相反，它已经被成千上万的游客参观，甚至成了邻近孩子的玩物，他们常常在雕塑的孔口滑来滑去，结果底部孔口一直闪闪亮亮的。

毋庸置疑，芝加哥大学并非我的全部。暑假意味着携同已经在佛蒙特州退休的父母、伊丽莎白在康涅狄格州科勒布鲁克的姑妈进行家族旅行。尤其值得关注的有两次旅行。1966 年我们飞到阿姆斯特丹，搭乘了一辆崭新的标致旅行车，打算开车穿过法国、意大利，然后乘渡船横越亚得里亚海去希腊。我

81

为正计划写的一本书做准备，在希腊回访六个村庄——1946年我首次拜访，三个在山上，三个在平原上——前去观察他们自1956年以来的生活状况，那次是我第二次作短暂拜访。我们开车回去的时候穿过马其顿社会主义共和国，经由黑山共和国，然后沿着亚得里亚海岸进入奥地利境内，在那里我生平第一次参观了萨尔茨堡和维也纳。接着，我们横越德国南部到了法兰克福，我把妻子撇下让她继续前往阿姆斯特丹，安排把旅行车运回芝加哥，随后与我们的四个孩子继续去英格兰，而我坐飞机前往保加利亚的首都索非亚，向一群巴尔干主义者宣读一篇论文。

我们在伦敦重聚，继续旅行到威尔士和曼彻斯特，去和伊丽莎白的亲人会面，最后我们飞到我们的祖籍外赫布里底群岛上的巴拉岛，接着返回芝加哥，很快取回我们的新车。每到一处，我都很满意地向孩子们介绍我阅读而知的那里的地理环境——寻找文化边界的标志，像长地街和哥特式建筑的范围。拜访威尔士和巴拉岛构成了家庭聚会。在威尔士，我们参观了一处板岩矿场。矿场仍然归伊丽莎白家族所有，技术娴熟的工人正使用自新石器时代以来改良不多的技术从大块板岩中分出（或打磨出）卵石。在乡村，威尔士土著人仍然脱帽以示对英格兰入侵者的顺从。我得出的结论是，我们正与一个自18世纪以来变化只是微乎其微的乡村社会打交道，尽管它处在离工

82

业革命首席地位之一的曼彻斯特不过 50 英里外的地方。

　　这种情况与我们在希腊所见形成鲜明的对比。随着收音机与公路突然之间使农民接触到不管是雅典还是德国城市生活的诱惑，希腊的农村正快速地成为空巢。我在思考，贫苦的农村人在工业革命的早期离开村庄赶往曼彻斯特的话，他们在城镇遭遇的困境如此令人绝望，那么那些依旧居住在农村的人有很好的理由相信他们自己的生活方式，不论多么艰难，是更合心意的。因此，这种坚定的农村保守主义在 1966 年仍然盛行不衰，虽然盛行的时间不长，因为我们参观过的板岩矿厂没过多久便倒闭了。的确，对现代性的攻击——披头士以及此类——已然开始在威尔士农村得到响应，正如我们也见到的，体现在伊丽莎白堂姊妹其中一位愤世嫉俗的儿子身上：他是一个乐队的队员，该乐队试图超越披头士，并取得了一些微不足道的成功。

　　参观巴拉岛又是一次给人留下深刻印象的经历。我们抵达了一个小型的飞机场，在一个只在低潮时露出的海滩上着陆，及时遇到了约翰·麦克尼尔。他是当时巴拉岛上唯一一辆汽车的司机，还与我父亲同名，长相与我的堂兄弟肯尼思很相像，这简直离奇得很。这个岛屿已经首次实行电气化，夜晚瞬时灯光的奇妙至今令每个人记忆犹新。在近海出没的海豹、肆虐的西风、荒芜的山丘和修复的麦克尼尔城堡都值得纪念；我

83

的女儿们返回之后做了一本《巴拉游记》，配有插图、植被的标本和零星的羊毛与贝壳，后面这些是我们在那里度过的三四日里游玩时她们采集、拣选的。我认为巴拉是一个绝妙的出生地——一个真正严苛的环境，它将我的祖先塑造成了如此引人注目的高成就者。

这次旅行可谓我们家族聚会的最高峰，没有一个人曾忘记这许多新奇经历以及它激发的思想。从我的角度来看，这一奇迹在于我们能够负担得起旅馆住宿费和飞机票价，甚至全新的标致旅行车的费用——所有这些费用因版税与当时万能的美元得以轻松解决。我的父母总是在意费用；由于有点奇怪的巧合，我们能够穿越欧洲旅行，给提供了的确非常高雅的服务的酒店服务员小费，回来后还能有节余。

两年后的 1968 年，我的女儿双双出阁，我的儿子们在另一次夏日旅行中随行，这次旅行不那么具有异国风情，但是有其独特之处，令人难忘。我们在科罗拉多州的埃斯蒂斯与落基山国家公园野营数周，还在不远处看到了一头美洲狮和四只幼狮正在猎捕田鼠。后来我们攀爬一处冰川直到我的力量与呼吸的极限，然后滑落到底部。对我们来说，业余而莽撞的爬山是全新的运动，美国西部荒原的景致——内布拉斯加州的玉米王国，总统的头像雕刻在总统山上，南部达科塔州的荒地等——也是新鲜的。

　　还有两次徒劳无益的个人旅行：1970 年去了香港，1972 84
年去了苏联的亚美尼亚。这两次旅行十足的异国风情令我久久
不能忘怀，在此似乎值得一提。我去香港是受在香港中文大学
执教的范挪亚教授之邀请。第二次世界大战后的这所大学是由
来自中国内地两种完全不同的避难者，即一小撮的基督教传教
士——范挪亚是其中之一，以及少数传统儒学的中国学者仓促
拼凑起来的。当谈到历史教学时，基督教传教士与儒学家之间
存在彻头彻尾的分歧。当他们之间的争论升级时，范氏诉诸邀
请三位外部人士——剑桥大学的赫伯特·巴特菲尔德、台湾的
许倬云和芝加哥大学的我——来给该大学的校长提建议说关于
历史教学应该怎么做。由于范挪亚和许倬云都获得了芝加哥大
学的博士学位，这实际上是一个有所偏倚的专家小组，除非行
政机构准备罢免中国老学究，否则我们寻找解决这种僵局的努
力注定归于失败。根据范氏所说，他们本应在多年前退休，但
是他们对外公布说，不知道自己是哪年出生的而规避了法定的
退休！双方水火不容，甚至不再彼此交流，而我们也只是听闻
了范氏的一方陈词。到了最后，我们撰写了一份报告，建议派
遣聪慧过人的本科生到国外学习，在西方世界拿到高级学位，
然后回到香港中文大学培养一种历史课程体系，即与那时可能
的方式相比，更加顺畅地融合中国史与世界史来达到两者的平
衡。我不知道这一建议是否被采纳落实。我们没能全心全意地

公开支持范挪亚的事业，这切断了与他的后续的联系，而校长没有表明其态度。

但是 1970 年的香港是个神奇的城市。正如一位英国的低级官员对我说的那样，它是世界上唯一至今仍然盛行 19 世纪自由放任政策的地方。确然，这是很好的总结。成群贫困潦倒之人与新兴的富裕投机钻营者摩肩接踵，后者大多是中国人，但也有少数外国人。我每日从我们住的酒店渡船到大学校园必须穿过一群生活艰苦而试图向旅客兜售自己画作的艺术家。在我看来，他们对中国与西方的艺术传统的结合常常是十分成功的。我希望买下一两幅画作，但是对我而言讨价还价不是容易的事，而不讨价还价大概意味着被敲诈。更何况，我总是有预约。但是我仍然猜想一些着实有才华的艺术家就在那些贫穷的、殷切渴望的人群中。

我们的酒店正朝向港口方向，来往船只昼夜不绝，就像芝加哥机场的飞机持续不断地降落，这令我难以置信。这里经济异军突起，后来扩展到中国内地的毗邻地区，是有目共睹的证据。但是新的增长仍然被限定在大英帝国历史的残余框架内。例如，我们住的酒店只为白人和少数着西式礼服的华人预留，在酒店入口处一排衣着类似军装的中国男孩，仔细检查着，如果他们质疑任何进入者的话，一群大多时间在视野之外的彪悍警卫会迅速前来。总而言之，这家酒店远不如我习惯住的酒店高雅奢华，就像渡船着陆处那些艺术家的画作一样，却的确非常成功地结合了中国与欧洲的装饰与烹饪。

但是在香港并不意味着万事如意。贫穷似乎是一个无法解决的问题，文化碰撞也并不总是带来成功的融合。例如，我曾顺道参观一位富有的中国商人建造的一处娱乐花园。他靠销售万金油这种几乎治愈所有身体疾病的灵丹妙药发财致富，并在这里收藏了大量的中国与欧洲艺术品。在他死后，娱乐花园向公众开放。但是，不像我所接触到的其他一些文化融合的案例，这个花园就像香港中文大学的历史系一样展示了令人不悦的冲突。裸体女性和其他各种相互排斥的佛教和基督教艺术品构成了低级趣味的大杂烩，我之前或自此从未见过可与之相比的。显而易见，文化碰撞富有刺激性的同时也很危险，这些都取决于它们是怎么产生的。在我旅行的那两周里，1970年的香港在文化融合方面有许多成功的例子，也呈现出一些惨淡的失败。

历经数载，1994年我作为当时香港大学校长王赓武的特邀嘉宾故地重游。1970年那所大学是古板过时的英属移植产物，教中国学生玫瑰战争只不过是因为它们在牛津大学的英国历史教学大纲中占据突出地位。但是到20世纪90年代，这所城市和香港大学均转型到几乎焕然一新，识别不出。由于闻名世界的一次最大的房地产繁荣带来的结果，新的高楼大厦到处拔地

86

而起。万金油大亨使人反感的娱乐花园成为这种转型被摧毁的对象之一，被埋葬在某一栋新的高楼大厦之下，早已被我结交的那些人抛至九霄云外。贫穷已从公共场所消失；整个城市整洁有序，西式礼服已普遍化。若不是华人面孔，它可以是美国西南部任何一座欣欣向荣的新建城市。

至于这所大学，它也在蓬勃发展。学校根据世界上最高的工资标准从远近不同地方引进才华横溢的教师，他们普遍从事专门研究——校长大概告诉我这些。每一位专家随其意愿教学，每一位的所写所说都是针对同行专家，而不是任何特定的中国或香港听众。我在那的时候，英国政府将香港主权交还给中国的日期近在眼前，但是与我谈话的教授对他们在 1997 年之后将能继续自己的事业自信满满。他们才华横溢，所以，对他们来说，去别的地方就业似乎只不过是，如果他们不满香港的生活环境，便申请一个空缺职位。我没有调查香港中文大学发展如何。这两所大学是竞争对手。英语是香港大学的教学语言，而中文在另一所大学取代了残余的传教遗产，这一事实使它们分道扬镳。

对我而言，此次访学最耐人寻味的事是在早餐时间我与王赓武校长的谈话。我在他的官邸逗留，鉴于他不久退休，问他退休之后有何打算。他的回答出人意料，说香港的房地产如此昂贵，以至于他从当前工作圈的显赫地位退下的话在这所城市

87

的任何地方落脚都负担不起。所以，他期望回到澳大利亚，他
的大多数教学生涯都在那里度过。他和他的妻子在马来亚出
生，大英帝国给他们先前臣民中一小群精英集团带来深刻影
响，而王赓武及其妻子便是这一影响下的产物。二人在殖民学
校接受教育，之后在英国接受教育，和其他外国人可以做到的
那样，他们都娴熟地掌握英国语言及其文化。然而，他们还精
通由其家族传承的中国传统文化。举个例子，校长告诉我，他
的名字是从其祖先写的一首诗中拟定的。这首诗准确的文辞以
某种方式在大家庭内部确定了数代（七代？）男性的名字。如
今那首诗已经用完，作为同代人里受过最高等教育者，他刚被
指定书写另一首诗，这首诗将为未来几个世纪延续下来的一代
代男丁确定合适的名字。据他所说，这项任务令他焦虑，因为
在扮演不熟悉的像家族诗歌这样地地道道的传统角色时，他力
求与其祖先相称。

88

　　个人的姓名受到家族传统的约束再熟悉不过了。打个比方，
从 18 世纪以来我自己的祖先为他的长子们每两代交替起名叫约
翰—威廉。但是我们没有成文的规定——更不用说一首诗——告
知我们应该怎么做，直到我这一辈，漆黑的冬季夜晚，在爱德
华王子岛的农场厨房里，家谱被口头讲述。然而，年迈的父亲承受
了相当大的痛苦，无法将他所能证实的一切写成文本，他没有说怎
么规定的，仅仅描述了这些名字是怎么代代相传的。

通过早餐时与王赓武校长的交流，我获悉了中国的文人阶层诉诸写作远远早于我们，且家族传统与家族规定也比美国或西方世界其他地方同类规范有更深远的影响力。此地在当时是私人的、个体的生活的避风港，有望抵挡住已临到香港的那种风暴般的变动——至少对受过良好教育的中国家庭来说是这样。为规范的家族传承原封不动地幸存下来，那么熟谙英国或其他外国思维模式和人文文化都不会妨碍华人的个人认同。我推想相似的道理解释了犹太人和其他存在已久的离散社群的生存。附加在宗教的与家族的对个人行为的核心规定上的文化多元主义必定在一个与我们的世界紧密相连的世界里拥有广阔的前景。我在香港的遭遇前所未有地引起了我对它们的真实情形的关注。

89

另一次与众不同、更超凡的经历是 1972 年接触一种外星文化，当时卡尔·萨根，曾经在芝加哥大学上过我的西方文明史课的本科生，邀请我加入天文学家和其他科学家组成的前往苏联亚美尼亚的美国代表团。主办方希望发起与宇宙内其他高科技文明的外星交流。这一邀请把我拖入到数学方面是行家里手的科学家组成的国际社会之中。他们中一些人判定穿越天文空间的无线电波会将我们与其他形式的智能生命建立联系，后者的学问或许远比我们高深得多——在外星事务中我们必然是新手。他们认为这些生物将能够利用波动的无线信号找寻与我们交流的途径。由于各地的数学毫无二致，是理解和控制电磁辐射的唯一有效方法，人类可以希望并期待破译朝其方向发送而来的信息，这是合乎情理的。

在这次大会上，我被安排的角色是评估能够产生并接受电磁辐射的高科技文明的预期寿命。毕竟，当谈及推测人类与其他形式的智能生命交流的可能性——连同生命和起源于他处的数学智能的可能性时，它是其中一个要素。由于地球不久前只孕育了一个单一的高科技文明，关于其寿命，我没法做出合乎情理的推测；但是这并没有阻止萨根和他的一些同行——既有美国也有俄国的，还有一位英国人、匈牙利人和捷克人作为中间人——围绕从远处搜索天空获取信号时最好使用什么样的波长这一问题进行推测并一起辩论。他们指出，其他高科技中心业已 90 互相交流，它们一旦观测到自地球发出的无线电波束——当然，这种观测发射始于 20 世纪之交马可尼的试验——便开始聚焦这种辐射线以向我们示意问好。

在这种场合下，约莫六位诺贝尔奖得主齐聚一堂，包括因DNA闻名遐迩的弗兰西斯·克里克。我表达了对数学交流的可行性的怀疑时，克里克告诉我说，我"不明白为所有高科技文明共有的天体数学这一论点的力量"[1]。我没有被说服，感觉整场讨论将他们带入了想象中的地方。但是在当时的即兴发言中，我发现自己舌头打结，没能为我的观点辩护，即和语言一样，人类数学运用到客观现实之中比较武断，且未必放诸四海而皆准。

不足为奇的是，我后来被从忠实的支持者圈子里除名，但是随我离去的是对一种非凡形式的认识，即来自世界各地的射电天文学家彼此交流，一旦观测出新的发现，他们立即在几个小时内通过电话向其他人报告每一项重大的新发现。只有为数不多的射电天文学家有权接近大量必需的接收器，他们在职业上是至交好友，跨越了所有涉及政治和文化的障碍。然而，这没能防止分裂苏维埃社会主义共和国联盟代表团的异乎寻常的门户之见。亚美尼亚人与美国人和其他外国人自由地交流，吐露出对其俄国同事的诸多蔑视，而俄罗斯人疏离我们；俄国犹太人比我们的亚美尼亚东道主更加热情地与外国人交流。英语是每个与会者的通用语言。临近会议结束时，我清楚地了解到美国专家和各族俄罗斯专家在探讨这项事业或许需要的此类无线电接收器时互相回避搪塞。我得出的结论是，双方旨在获取充足的信息来与他们各自的政府接洽，要求政府提供为赶超对方的规划和项目所必需的资金支持。的确，这很可能是本次大会那些组织者的核心目的。

不过，我们的会谈能够跨越边界审视土耳其，与亚美尼亚的天文学家谈论 1916 年大屠杀，令我大开眼界；我们在附近参观的旧石器时代的定居遗址和古代要塞与遗迹也是如此。我们还观察了一个农村家庭匍匐在教堂的门前台阶上献祭一只鸡，这又一次给我留下永不磨灭的印象。古老而无法追忆的古迹显然与跨国的科学交融，也与源于新兴工业和矿业的装置引起的令人厌弃的环境破坏交融，这些设备严重破坏了布拉堪天文台和我们开会的地方埃里温市周遭的多数景观。

我还了解到苏联社会内部紧张的民族关系。总体来说，这是一次不同寻常的经历，尤其源于一些科学家展示出的亟欲与恒星之间的高级智能进行准宗教式的交流的方式。因为他们就像古老的先知，力求重新谋划从高空传递高等智慧。令我印象深刻的是，卡尔·萨根和他主要的授业恩师即博学多识的菲利普·莫里森两人都归属那个圈子。

在这些年里，在某种意义上相对于我自身的思想探求事业而言，我的行政与其他经历都是次要的。首先，我想将《西方的兴起》里阐明的扩展了的视野下富有意义的历史转变成一门便于面向大学生（和高中生）讲授的为期一年的入门课程。但是，我决定独立从事这项教学工作，而不是仿效 1947—1954 年之间在芝加哥大学学院通力合作下开设西方文明史课程。起初，我没有把握是否能够开设一门令人喜欢的世界史课程，我的同事们没有丝毫的兴趣帮助我在西方文明史之外开设一门介绍人类过去的合理导论。我天真地认为，假如我发现给本科生教授世界历史的途径，那么学院教师和院系的同事将一致认为

92

只是因为世界是圆的，这类课程会是向学生介绍历史研究的更好方法。

这是一个错误。多年的西方文明史教学（与此后多种其他文明课程教学，其中我的课程被作为一种特质的变体）使我的同事们确信，世界历史是边缘的，不一定有根据的，当然不是他们向学生介绍历史时的恰当替代品。所以，我这门课开设了22年，编写了《世界史》[2]（1967）作为教材，并在琼·塞德拉、斯凯勒·豪泽、玛丽莲·瓦尔德曼和入江美津子等的帮助下，出版了12册《世界史读本》[3]（1968—1973），收集了数百张幻灯片（多数是艺术作品）供课堂使用，以此来作为该课程的补充。但是1987年我退休后，世界历史伴随我一起退出了芝加哥大学。这是我事业上最大的败笔，起因在于我行我素，这种教学活动以自我为中心，而不是让同事们参与其中，组织一支独立发展的世界历史教学团队，就像前几年为开设西方文明史课程在教学过程中协调组建的那样。

93　　同样的判断失误使得让高中学生接触我对世界历史的个人见解的努力大打折扣。世界历史课程业已在美国相当多的高中学校开设。但是大多数的课程不过是偶尔蜻蜓点水似的一瞥西方以外地区同一时期的发展状况来打断西方文明史，从而越出西方文明史课程。跨越我划定的文明界限的影响潮起潮落，大部分遭到忽视，源自古代希腊的欧洲中心论至少被心照不宣地接受。我编写的高中教材《共生圈：人类历史》[4]（1973）是一个败笔，部分原因在于出版商不再对该书抱持信任，但是主要原因在于我的词汇对大部分高中学生而言太艰深，我的阐述比教师愿意接受的更激进地偏离了为人熟知的范式。于是，它很快绝版了。

不过，这套教材被另一个不同的教材出版商恢复出版，重新命名为《人类共同体史》[5]（1986），以大学作为销售市场，取得了中等规模的成功。多年以来，它比我曾出版的其他任何书的版税数额都更大。1998年第六版出版，2004年出版商仍未停止出版，但是不再印行的命运显然已迫近，因为我没有被要求也不希望重新修订这本书。我曾为自己的课程编写的篇幅更短的教材《世界史》1999年也被印刷到第四版。

因此，总的来说，我个人致力于宣传自己的世界史观念并不那么成功。而他人编写的教材反倒成了向美国大学和高中传播世界史的主要媒介。一些人以这样一种方法，即呈现与我的总体研究路径类似的东西，宣传世界史。我满意地看到相互交流的文明在最新几本成功的世界历史教材里占据突出地位，于是，我在芝加哥大学的课程体系中建立世界历史的彻底失败在此得以消解。

《西方的兴起》出版后，我的第二个学术抱负是探究东西欧之间的关系，这个问题在康奈尔大学时便困扰着我。关于这个问 94

题，我写了两本书，第一本在我的两本世界历史教材出版很久之前便问世了。书写大部头著作与真正出版之间的间隔总是很漫长，紧随《美国、英国和俄国》之后我业已利用闲暇时间写了一本被命名为《过去与未来》[6]（1954）的小书。同样地，在《西方的兴起》竟稿之后，一本内容更充实的著作《欧洲的草原边疆（1500—1800）》[7]（1964）问世。允许我逐一陈述几句吧。

1952年春，在完成了汤因比监督之下我负责的那卷"战时概览"之后，返回美国之前，我还有几个月的空闲时间。当时朝鲜战争正在进行，第三次世界大战似乎会真实上演。预料到会再次动员参军，我害怕将没有机会撰写我的大部头，因此决定利用意料之外的闲暇时间，对在我看来当时已了然于胸的人类历史写一本简明扼要的图解式概要。在表达我认为未来导致的局势之前，我在上述著作完成后勾勒了当代局势。我围绕不同时期持续不断的交流构思人类历史，以一系列重大技术革新来区分彼此。这种构思仍然为我所重视。

在该书结语中，我指出人类需要某种世界政府来维持世界和平，只能等到另一次世界大战之后最有可能出现。这重申了我战前的信念，即当代事务再次展现了由来已久的政治进程，正向汤因比所称的普遍状态演进。我始终认为，假以时日，这是人类未来可能的模式，正如2001年美国开展世界范围的"反

95

恐战争"的逻辑确凿无疑地表明的那样。但是在 1952 年，我比今日更认为是末日天启，尽管这一论点仍然有点道理，《过去与未来》这本书受到的冷遇可想而知。这本书太过简要、太自以为是而不应得到别的关注。

对我而言，最重要的是在整理打字稿、准备出版过程中，我惊奇地发现我可以通过有条不紊地将句子的被动语态转变成主动语态而大大提高散文水平。这一简单的编辑策略还将每一个明确的主语都附加一个动词，从而阐释了我的思考。我相信，这是我第一次系统地动手修改我的稿子，力求条分缕析、言简意赅，而不是满足于首先浮现在大脑里的任何词汇。这是一个值得培养的习惯，而且我相信，这一习惯提升了我之后所有出版物的条理性与文辞的优雅程度。

《欧洲的草原边疆》成书在《西方的兴起》之后，书较薄，但内容更加充实，是我前几年研究生教学的成果。我作为汉斯·罗特菲尔斯教授的接班人进入了历史学院，他们期望我接替罗特菲尔斯教授，教授德国史与哈布斯堡王朝历史的课程。由于哈布斯堡帝国错综复杂，牵涉到波兰、土耳其和俄国事务，它促使我探究东欧与西欧之间的差距，而这一问题早在康奈尔大学时便引起了我的关注。于是，在讲授了四年我称之为"多瑙河与黑海流域的欧洲"之后，我一边等待《西方的兴起》的出版，一边利用 1963 年的春夏时节准备写作。

96 　　我的学识一般，仅仅利用二手资料。但是我提出了新问题，不足为怪的是，发现了新答案。尤其是，我将美国"流动的边疆"的概念应用到中欧和东欧的地理环境中。我父亲的毕业论文指导老师中世纪史专家詹姆斯·韦斯特福尔·汤普森早已采用过，他的《封建时期的德国》用19世纪美国的经验作为未说明的潜在对照来处理中世纪易北河之外德国的殖民化。在处理以后世纪的历史时，我同样呈现了这种对比方法，指出三个截然不同的农业边疆，从北部（俄国）、南部（土耳其）和西部（奥地利）的欧洲草原上汇聚。通过强调商业化的谷物种植向前推进的浪潮以及被其取代的更自由而无序的田园社会相应的退却，我试图弄清楚一部如此纠缠的政治史，其中地方的、准民主的政体——哥萨克和黑盗客（Heyduk）部落以及罗马尼亚和特兰西瓦尼亚地位稍逊的王室政府——与哈布斯堡王朝、奥斯曼帝国和沙皇俄国之间相互碰撞冲突。我的叙述截至1800年，因为到那时农业的开拓事业几乎完成，旧式半野蛮的中间地带的政权已被这三个官僚主义和帝国主义国家中这个或那个所吞噬。

　　大多数历史学家囿于这个或那个国家的民族的和语言的传统，避免将这一地区视为一个整体加以考虑，因此大家对我的书的反应也是不温不火。不管怎么说，我认为该书不失为一部好作品，它以较小的地理范围和较短的时间范围又一次表明了打破各自独立的以种族为基础和带有种族偏见的史学来审视历史的优势。

十年后，我再次拾起这一主题，这次的切入点是海洋。《欧洲的草原边疆》没有处理东西欧之间重要的关键性相遇。这些相遇必然涉及城市和帝国精英，他们沿着水路交流，而不是通过草原边疆贫穷至少半野蛮的社群间发生的陆路斗争来交流的。从一开始，威尼斯人显然是意大利和奥斯曼与沙皇俄国统治地域之间主要的中间商。1945 年我生平第一次目睹了科林斯和纳夫普利翁引人注目的威尼斯遗迹，并为之震撼。于是，1966 年我与家人开车从德国去希腊，参观了所有主要的威尼斯遗址。

有一次，芝加哥大学地理学院的一位同事昌西·哈里斯刚从莫斯科回国，他向我们展示用那个城市的照片做成的幻灯片，晚宴宾客一饱眼福。在此一两年之前，我对东西欧海路交流潜在的好奇再次萦绕心间。令我大吃一惊的是，克里姆林宫内的许多建筑风格明明白白就是意大利式的。怎么会这样呢？莫斯科心脏地带的意大利式建筑风格大声疾呼寻求解释，因为就我之前了解到的，文艺复兴对莫斯科的影响完全在欧洲史被省略掉了。于是，我利用研究生教学的灵活性在 1968 年到 1969 年连续两年开设了一门威尼斯帝国史的课程。我起初无知，从与少数实际上与我合作的学生那里，获益远比平时更多。然后，我获得古根海姆学者奖，1971—1972 年在希腊和威尼斯图书馆度过，并自由地开始了《威尼斯：欧洲的枢纽（1081—1797）》[8]（1974）的写作。

相较于该书的姊妹篇《欧洲的草原边疆》，这本更学术，但从结构上来看，它是我最糟糕的作品，或许是因为我一边教学一边写作，而不能投入全部有效的精力来组织篇章的缘故吧。所以，这本书相当支离破碎，章节本该前后连贯，实际却没有。我还必须坦诚，我的知识体系和历史研究方面存在太多的缺口，以至于不能厘清波兰、乌克兰、俄国、犹太人、亚美尼亚、波斯尼亚穆斯林教徒和一些小规模的非正统宗教团体，还有意大利、德国、土耳其和巴尔干基督教——包括天主教和东正教——内部错综复杂的文化形态及其产生的文化交流。

这本书一如既往地超越了传统上彼此独立的学术团体，探究东欧内部相互竞争的精英如何借鉴了意大利文艺复兴的学术和技术技能，从而在奥斯曼、乌克兰和莫斯科人中扩大自身的权力，积聚其财富。长期以来的传统将苏莱曼大帝去世后奥斯曼帝国的变化视为衰落。恰恰相反，我坚持认为玉米引入并在山岭地区的传播，加之平原地带农业的商品化以及城市财富与技能相应的累积保障了奥斯曼社会至少在又一个世纪里与欧洲其他地区并驾齐驱。

但是，东欧社会产生这些变革的代价也是实在的。尽管他们借鉴了西欧，东欧依然落后于西欧；至今无人对 1500—1800 年期间这三个东欧帝国的多民族城市精英做出的思想选择以及他们之间的关系做出恰如其分的评价，这是事实。《威尼斯：欧洲的枢纽》试图这么做，但是对这一主题没有像法官那样评价。

　　我以一本仓促成稿而遭冷遇的《欧洲历史的塑造》[9]（1974）一书结束了我作为现代欧洲历史学家的事业。我撰写这本小书最初是应索·塔克斯教授的要求，他当时担任 1973 年举办的人类学和民族学国际大会的项目主席。我正酝酿着写一篇文章，指出我学生时代接受训练的史学传统的弊端。实际上，这意味着写一部个人宣言来解释我在所承袭的欧洲历史的塑造中发现的不足，而后用一百来页概述到那时为止我在阅读和教学过程中涌现出的所有对欧洲历史的想法和建议。技术、交流、机构和观念均在我的概述中占有位置。

　　我大部分的作品仍然切中肯綮，与民族国家和区域史学家的习惯做法相比，把东欧、西欧、北欧和南欧更紧密地联结起来。但是这本书没有引起多少关注，且很快绝版。也许历史学家将其视为人类学著作而抛掷一旁，而人类学家将其视为历史学作品却不予理会。又或许是，176 页的篇幅，在课堂上使用的话篇幅存在问题，作为教材篇幅过小，作为布置的阅读材料又太长。

99

这本书结果成了我对欧洲历史——我接受训练去填补的专业领域——的告别。30 年后再回味《欧洲历史的塑造》，它触动我的是，该书足以引发争论而应该有比遭受湮没更好的命运。但是专门化大行其道，越来越五花八门与精细化。当专家们主要靠笔杆子唇枪舌剑之时，目光越来越狭隘；而这是在我生活的时代历史研究的主流趋势。我的思想总是偏好宏大视野，我想，正因为如此，这本小书和我其他两部欧洲历史的著作才如此遭受普遍的熟视无睹。

这些年，我思考的第三个问题集中在人口增加与减少在人类事务中的重要性及其与影响这些波动的其他生命形式之间的生态关系。蕾切尔·卡森的《寂静的春天》（1962）刺激下的环境运动唤起了我的这一领悟；在撰写《西方的兴起》过程中，我发现了罗格·莫尔斯大部头著作《14 到 18 世纪欧洲城市的历史人口导论》[10]，该书同样启迪了我。通过莫尔斯的叙述，我明白了中世纪晚期和早期现代时期传染病开始传播且愈加肆虐时，欧洲的城镇生活如何朝不保夕；我还认识到城镇中心怎么依赖来自更健康的乡村移民。

反过来，这与我对当代希腊断断续续的研究产生共鸣。1947 年以来，我已经意识到食物匮乏的偏远山村零零星星地为西部巴尔干的游击战争提供食物。三十年来，我拜访了 1947年首度拜访过的那六个村庄，以十年为周期松散地关注着希腊社会的快速转型。一本薄书，1968 年的论文《希腊：战斗中的美国援助》[11]（1957）[12] 和《第二次世界大战以来希腊的蜕变》[13]（1978）记录了这些观察以及我的发现，即由于道路畅通和收音机的使用，新的交通和通讯方式如何迅猛地改变着人口流动，引起农民的数量先是膨胀，而后从希腊农村迁出使其成为空巢。

撰写《西方的兴起》时，有一些尚待弄清楚的地方引起了我的关注。当我决定穷尽其中一个未知问题时，我的这一思考方式更具优势。在我事业生涯的后期，我坚信天花在阿兹特克首都的爆发使得科尔特斯及其随从免于在 1521 年被剖出心脏放置于特诺奇蒂特兰城神庙之上。我这样说且直接得出结论，这种致命的疾病伴随着所谓的"安东尼瘟疫"首次传染到欧洲大概是公元第二个世纪。所以，修订该书时，我还在这一提法处插入脚注。但是这是我在《西方的兴起》有关传染病问题要说的。不管怎样，从我意识到传染病在科尔特斯的征服中所扮演的角色的那一刻起，我知晓了，纵观文明化的历史，对传染疾病不同程度的抵抗肯定给外来人口之间不计其数的其他遭遇带来了深远影响。

于是，1974 年在梅西基金会的资助下，我花费六个月的时间完成了《瘟疫与人》[14]（1976）的撰写。和往常一样，我打通了之前彼此封闭隔绝的学术研究。另一方面，医疗史在 19

101

世纪具有丰富的传统，医疗史学者搜罗筛选了大量有关瘟疫暴发的史料，希望利用现代科学鉴定古代传染病，并将其纳入到当时流行的医学术语之中。这一基本的假定是，疾病是一种常态，寄主与寄生虫之间相互适应不起作用。不足为怪，因此，这种伪科学的事业最后悲惨收场，在20世纪的第一个十年全部努力被放弃。那时恰逢流行病学成形，并开始发展为新的学术传统。根据这一学术研究，寄生虫与寄主杂乱无章地共同演变。所以，我需要做的就是对前辈学者们如此费尽心机整理的资料作一点流行病学的解释，把重大的瘟疫暴发与交往模式的变迁联系起来——我已从《西方的兴起》中熟知——然后且看，

102 我对文明化的扩张中持续存在的现象做出了一系列的新阐释。这还使理解为什么像安东尼瘟疫和黑死病这种突如其来的、毁灭性的传染病在那时那地暴发成为可能。

　　一周接一周以新的宏大视野理解历史，这种理解对我的启迪，使本书几乎轻松地写成了。我试图熟悉同一时期的医疗和流行病学中对我们的物种造成折磨的主要疾病，这意味着比之前能更充分地探究人类生存的生物学和生态学背景。阿尔弗雷德·克罗斯比的《哥伦布大交换：1492年以后的生物影响和文化冲击》[15]在引导我沿这一路径探究上尤为有益。其后，为每一种人类活动制定的生态框架在我的意识中日益凸显，这是我从写作《瘟疫与人》中吸取的最主要的经验。其他历史学家，

尤其是在法国（埃玛纽埃尔·勒华·拉杜里，J. N. 毕腊本）、美国（舍伯恩·F. 库克和伍德罗·博拉、阿尔弗雷德·克罗斯比、菲利普·科廷）和大不列颠（C. D. 达灵顿和托马斯·麦基翁）正致力于同一个方向。大体而言，很快，历史专业圈开始意识到传染病在近代所起的决定性的作用，它杀死了大量的美洲印第安人、澳大利亚原住民、波利尼西亚人和不计其数的其他先前孤立的民族。我的书引领了朝这一方向的研究，总体来说，仍然构成了我对历史研究的主要贡献。

　　奇怪的是，《瘟疫与人》是我第一本在出版社遭拒的书。牛津大学出版社基于一位资深的医学史学家负面的评论手稿而拒绝出版。在同一时代的文本证据——对他而言，这是可靠且科学的历史的唯一基础——缺失情况下，我诉诸推论，他着重否定了我这点。我转向下一家营利出版商，它对真实漠不关心。编辑唯一关注的是它的卖点。所以，《瘟疫与人》和百慕大三角洲的历史归入一类出版，著者声称，航行船只在此地会定期消失得无影无踪！然而，评论者，大多是非职业历史学者，乐于接受我对疾病史推论性的重构；艾滋病（首先于 1981 年确认）很快增强了该主题的共鸣。结果，销量几乎实现了出版商的愿望。因此，《瘟疫与人》算得上真正的成功，即使我喜欢把它仅视为《西方的兴起》扩展了的注脚。

103

第四章

从《瘟疫与人》到退休

（1976—1987）

这 12 年既见证了我事业名望的顶峰，同时也是声望下降的
时期，因为我们的子女离开家，与芝加哥大学的纽带松弛，且
我的体力或许还有思想能力开始下降。1970 年我母亲在佛蒙特
州去世，五年后我父亲来芝加哥探望我们时也随母亲故去。这
结束了我人生的一个篇章。然后 1979 年我们卖掉了位于大学大
道漂亮的大房子，它是我们在 1956 年从恩里科·费米夫人手中
买下来的。那是我的孩子们生长的地方：是他们和我的妻子以
及我的家，而不是别处。在那里，我们的生活经历了被优雅地
描述为改善邻里而发生的紧张的黑人—白人的对抗；在那里，
我的妻子和孩子们编写剧本并将其搬上舞台，由邻居家的孩子
们在我们的地下室表演；在那里，每年圣诞节和感恩节我们组
织家庭聚会达 22 年之久。两次微不足道的入室盗窃和一次抢劫

也出现在我在大学街的生活记忆中。时值一个冬天的傍晚，我正走在回家的路上，抢劫近乎发生在我们家前面。1977 年我们还见证了我儿子的至交好友也是近邻的意外死亡。所以，并非所有经历都是甜美的，但是妻子和我搬至第 55 大道的公寓从来没有成为我们的家。相反，1967 年伊丽莎白从她姑妈那里继承了粉刷白色木隔板的房子，位于康涅狄格州科尔布鲁克，成了我们的家。我们的生活日渐向东迁移。

　　一个原因在于，当 20 世纪 70 年代的学术繁荣崩溃，当 65 岁法定退休，也是芝加哥大学的规定，变得不合法时，在我看来，年轻学者正在被解雇，而我却拿着教授的薪水闲荡，这极度不公平。由于在科尔布鲁克的房子的召唤，我可以轻易地提议逐渐减少我的教学任务以与我下降的体力相称。因此，我主动交出一部分薪水，从 1977 年开始，先是每年两个季度过去居住，然后 1982 年只去一个季度。通过这种安排，看起来好像我在 65 岁退休后将尽可能多教几个学期，以拿到更多的薪水，同时，我天真地希望我上交的一部分薪水可以通过支持一位副教授来挽救一份事业。诚然，我从来没有看到这种事情真正发生的任何迹象，且不久我发现暂时性的住校安排急剧减少了我与学生、最终也减少了我与同事之间的联系。逐渐退休当然与一个人能力的逐渐衰退相称，但是这并不符合学校的程序。从这点来说，我的尝试是个失败。但是坦白地说，这也使我自由地进行职业所需的旅行，撰写更多的著作和论文。

107 　　随着我在芝加哥大学的家庭及其职业生活日渐远离该城市，内在优雅的外在标志与日俱增。荣誉从 1974 年开始激增，不定期地增多直到 20 世纪 90 年代。大多颁奖空洞没有意义。曾经有一次，以这种嘉奖标准来判断，我与父亲可能被混淆了。我从未在爱丁堡和巴黎获得与父亲的荣誉地位可等量齐观的声望。格拉斯哥大学是我获得的最有名望的跨大西洋荣誉。斯沃斯摩尔学院是在美国境内获得的最引人瞩目的荣誉。我的历史观只是没有在国内高等学术研究的主要中心产生巨大的影响，虽然我侥幸担任了 1984—1985 年 AHA 的主席。

　　在获得这份殊荣之前，1970 年代的大部分时间，我在 AHA 委员会很活跃。我费尽心血把《美国历史评论》搬迁至印第安纳州的布卢明顿，把维持费用转交给印第安纳大学以作为该协会节约资金的途径。这一交易剥夺了总编辑南希·莱恩在华盛顿的工作。数年后，当她拒绝由牛津大学出版社纽约分社出版《瘟疫与人》时，我们的人生轨迹再次出现交叉。其后，她非常后悔当初的决定。几年以后，她处理完我写的汤因比传记的出版事宜后，便煞费苦心地写信给我，说她对于我的心理透视很高兴（和惊讶）。

　　AHA 另一项颇有趣味的任务是为迈克尔·卡门主编的《我们之前的历史：美国的当代历史书写》[1]（1980）供稿。这旨在为

1980 年在罗马尼亚首都布加勒斯特召开的第 15 届国际历史科学大会增光添彩。我的工作是编写美国人怎么研究现代欧洲历史的。在五名研究生的协助下，我汇编了有关 1750 年以来欧洲历史的 2044 本书的文献目录，这些书在 1968 年至 1978 年的 16 本英语语言的历史学杂志上被评论过。在我评估的由美国人编著的 1100 到 1300 本书目里，大多数是学术活动和"伟大的美国博士学位机制的产物"[2]。保守主义可见一斑：美国学者写的将近一半的著作是有关大不列颠的，且超过半数是政治史。但是新兴主题和全新的研究方法也大量涌现。我结语的评价是："显而易见，美国的现代欧洲历史学家正乘着巨浪的波峰，他们的成就值得钦佩。那种高度专门化的工作业已在 20 世纪 70 年代成功融入该专业。对我而言，这种钦佩由于我对这种高度专门化工作的未来的不祥预感变得特别令人感伤。"[3]

但是这本书力图在布加勒斯特的欧洲同行面前为美国学术成就开锣喝道是一大败笔。法国政府发起了远胜我们一筹的著作展览；我参加大会主要的好处是其后妻子与我穿越特兰西瓦尼亚进行了一场官方赞助的旅行。我们穿过了喀尔巴阡山两侧秀丽的山毛榉树林，到达了公元 2 世纪图拉真摧毁的达契亚都城遗址。通过这次旅行，我们一览继续存在于特兰西瓦尼亚的种族的再生羊皮纸卷，尽管官方导游不遗余力地让我们确信人口全部是罗马尼亚人，没有德国人或尤其是匈牙利人的遗留印迹。

108

关于 AHA，我还观察到汉娜·格雷主持了这样一个委员会，即它创立职业、研究和教学部门，各设立一位副主席负责管理，以此来重组它的行政管理机构。后来，我担任了第一位教学副主席，并做出与高中学校恢复友好关系的姿态，高中的社会学几乎排挤掉了旧版的历史课程。然后，1983—1984 年，即我的上一任，AHA 主席阿瑟·林克因他详尽而虔诚的伍德罗·威尔逊传记而名声大震，他成立社会研究委员会来调查美国高中的历史教学状况，并建议推行课程改革，由此，他将试图在美国高中恢复历史课程视为自己的事业。起初他将社会学视作敌人，但是与高中教师真正接触起来在一定程度上平息了他的盛怒。委员会的建议，正如其最终呈现的那样，比较温和，完全徒劳。

我参与了这些审议，还参与了下述三个国家级委员会以提高美国学校的历史教学：所谓的布拉德利委员会（1986—1993）、国家历史教育委员会（1990—1994）和国家历史标准委员会（1992—1994）。在大多学院和大学的历史学家眼中，我曾是仍被视为社会弃儿的世界历史比较令人尊敬的代言人。然而，被称为"世界史"的课程时常在高中教授，在一些州实际上靠法律强制执行！由于高等学术研究机构不再教授该课程，那些被安排教世界历史课的高中老师只能尽其所能地自学。他们通常比其学生提前多翻几页教材，比如斯塔夫里阿诺斯编写的那本。

这些一般委员会与专门委员会在我的记忆里变得模糊不清而混在一起。它们都将大学历史教授、高中教师及行政管理人员召集起来。实在看不出数小时的交谈和我们用墨水涂写过的那一大堆文件有任何作用。快速的全球化这一现实比我们的课程建议——大多数建议不可能宏大——更能推动美国学校（和最近大学里）世界史的传播。就个人而言，我见证了做出变革并达成共识有多么困难。我还会见了高中教师和大学同事中我所仰慕的一些人，但是纯粹浪费时间！都是些颠来倒去、无关痛痒的话！经历作为系主任的时光后，我逐渐意识到我的性格不适合学术的或其他类型的行政管理。全神贯注地斟酌自己的想法并寻求有趣的问题的答案是再惬意不过的事。

所有这些意味着 1984—1985 年作为 AHA 的主席，我实行无为而治，随着选票传递给大家，我的"竞选演讲"宣称，我就像墨洛温王朝后期的国王们渴望做一个"懒王"（*roi fenéant*）。我在 AHA 任职期间，没有令人担忧的事情，"懒王"一称我确实实至名归。

我被任命为 AHA 的主席，多亏了与那些在我职业生涯中起到关键作用的人的私交。弗兰西斯·理查森·凯勒是 AHA 提名委员会的委员，作为女性和被边缘化的兼职低级大学教员——20 世纪 70 年代随着学术泡沫幻灭这群人的数量激增——的代表。她受到芝加哥大学的一位同事的不公正对待，当时

110

身为系主任的我曾对其施予援手。她说服委员会把我与可敬的研究 19 世纪法国的专业欧洲历史学家尤金·韦伯一道提名为主席，以此回报恩情。（自从 20 世纪 20 年代，AHA 主席总是在美国历史学家与现代欧洲专家之间轮流，所以继阿瑟·林克之后，轮到了欧洲历史学家担任主席。）但是面向每一领域的历史学家的选举倾向于选举那些能够沟通不同领域的人。由于我的著作涉及各种学科领域，我获得的选票更多，于是 1985 年 12 月仪式上的主席演说，将我的职业生涯推向顶峰，对此我深感满意。

111　　我的演说题目是"神话—历史：真理、神话、历史和历史学家"，因为我希望挑战根深蒂固的学科观念，即如何通过解释书面文本来发现以及记录为历史真理。自从阅读了与我的硕士学位论文相关的弗兰西斯·康福德的《修昔底德的神话历史》[4]，我便开始意识到历史与神话之间紧密的、的确难解难分的渊源。的确，我认为值得引用硕士毕业论文结语"反思"的那部分，展示出我本科期间对真理的哲学探索怎么影响了我整个事业生涯，只不过在 1985 年又一次明确地表达了观点。下面是 1939 年我写的原话：

　　　　现代的历史学家将"客观性"与"真实"树立为一个理想。……宏观且具综合性的概念，……被抛掷给哲学家，而被拒之历史学之外……难道我们要下结论说，他们（希罗多德和修昔底德）情愿这些观念支配他们的信息表达，而不是历史学家吗？或者说，现代历史学家由于突然抛弃这些观念，就不是完整意义上的历史学家吗？[5]

1985 年，我更加强调这点，我在主席演说中开宗明义地指出：

神话与历史是近亲，因为两者都通过讲述某类故事来解释事物如何演化为它们当下的状态。但是我们普遍的说法是，神话是伪造的而历史是真理或者追求真理……但是在一位历史学家看来是真理似乎在另一位看来是谬论，所以一位历史学家的真理成为另一位的神话，即使用语言表达之时。

我的演讲没有引起回应——确实。在此之后，我的朋友和同事对我的主席演说只字未提。我年龄较大的儿子已经作为历史学者开始了自己的事业，他提醒我，说我处于一种危险之中，即我发明了一种个人语言，它确定会引起历史学界内部的误解。然而，我仍然认定这篇文章是我对历史学界的所为与当为最精确与雄辩的界定。因为正如我在结尾所说，

112

　　　　不可移易和亘古不变的真理就像天国，是一个末世论的希望。神话历史是我们真实拥有的——一种在人类群体彼此之间相遇和与自然环境的接触过程中引导人类群体的有裨益的工具。因此，成为一位追求真理的神话作家是一项高雅与严肃的使命，原因在于一个群体的人所了解与信奉的历史引导着他们的期望并影响着他们的生命、他们的命运和他们神圣的荣誉等所仰赖的决定。[6]

　　我经年累月地关注现代希腊，这些年也一如既往，很大一部分原因在于我是迪莫斯基金会董事会的委员。该基金会由一位青年时代沦为孤儿的希腊商人在芝加哥创立，他将一半财富捐给基金会，借此利用他的基金会为希腊的孤儿建设一所学校。但他在建校事务筹备前不幸逝世，托管董事会决定利用他的捐赠赚取的收入代之来援助希腊现存的慈善组织。最初我是董事会唯一在希腊有亲身经历者，肩负着一年一度拜访该国以便判定如何分配迪莫斯的款项，并调查去年捐助的利用情况。不久，我便发觉明智地分配捐款不是易事。很快，我选择把大部分捐款当场转交在场的美国学校，它们的管理层对撰写分配方案与事后汇报一清二楚，因为希腊人管理下的慈善机构大多肯定不擅长此事。于是，在我的建议下，董事会违背了迪莫斯先生的意愿，但是我没看到可行的替代方法。

113

1983—1985 年由于我继续关注希腊事务，一件意想不到的事件发生了，当时一个新近成立的现代希腊研究协会邀我编辑他们的杂志。我对希腊语的掌握远远不足，但是在妻子的帮助下，加之一位同事的专业校对的保驾护航，我们评判着现代希腊的文学、人类学和历史学著作以及现代希腊喧嚣不已且充溢着政治色彩的学术氛围。

另一次新的经历是参与 *EB* 的编写。1981 年我成为该书编辑委员会的委员。编委会一年会晤一次，在莫迪默·阿德勒的指导下商讨方针等事宜。如何组织知识、如何修订现有词条和委托编辑新词条都是我之前没有考虑过的问题；但是我对历史学科这种包罗万象的指南的看法与阿德勒对该学科抱持的亚里士多德式蔑视之态之间根本的分歧意味着我针对重新编撰 *EB* 词条所提的建议几乎没有被遵行。更何况，那样的话，他们将付出不小的代价。

编委会的很多委员都意气相投，我还必须坦诚物质的额外津贴——丰盛的膳食和 *EB* 的礼品册——相当诱人。德莫斯董事会（由芝加哥的北方信托银行监管）和 *EB* 编委会的委员身份实际上让我一睹美国企业经理圈流行的仪式和特权，因为 *EB* 也是一家繁荣发展的企业，直到电子传播和信息检索从根本上削弱了它作为英语世界最权威的综合性工具书的几近垄断地位。正因为如此，编委会没有经正式解散而终断了会晤。

114

　　芝加哥大学教学任务的减少有利于我外出旅行，我也充分利用了以各种理由向我发来的邀请。其中比较令人难忘的有1975年与儿子结伴徒步去阿索斯圣山旅行（游览了前几日之后便放弃，筋疲力尽）；1977年在我芝加哥同事哈利勒·因纳尔希克的安排下由土耳其政府提供汽车去安纳托利亚西部泛游；1978年去澳大利亚的珀斯，经由欧洲、孟买，继而经由新西兰、塔希提岛、复活岛和秘鲁返回的世界环球旅行。阿索斯山上挂席为门的修道院拥有招待徒步旅行者的传统，至今它仍然维持着，参观这里就像旅行在倒流的时光中；穿梭于陡峭的山坡上崎岖不平的小路，这强烈地使人联想起曾经盛行的陆路旅行中的重重障碍。作为土耳其政府的贵宾，我被人开车运送穿越土耳其西部又是一次奇怪的经历。两件事情令我难以忘怀：土耳其和希腊村民的生活方式和生活模式极其相像；丰富的罗马历史遗存。在安东尼瘟疫大肆袭击之前，当时安纳托利亚西部的人口肯定比此后的更加稠密。

　　两次学术会议奇怪的很，同样值得提及。因为两场会议都是由一位地理学者，布朗大学的罗伯特·W.凯斯组织的，但是第一次会议于1986年1月举办，由瑞典面向未来研究委员会资助。它将22名自然与社会科学家聚集到斯德哥尔摩附近的旧时庄园主宅第约一周时间来探究"神奇的未来"。会议在1月份举行，第一个令我惊讶的是，发现自己置身于一个白天从上

115

午 10 点开始下午 3 点后不久迎来黑夜的地方。这次经历我没有好好享受，但的确，我开始思考电灯出现之前如此偏北的人们如何承受了这漫漫黑夜。我们分成三个工作组，每一组要为世界某一个地区提案一种神奇的未来。我的小组选取了印度，我起草了我们的报告，报告中构思了一个虚构的故事。公元 2047 年以后，印度人通过应用现代科技来修正神圣的印度教传统从而国富兵强，然而欧洲和"先前的超级大国美国和苏联""由于国内紧张关系比欧洲所遭受的更加急剧而严重导致国力瘫痪"[7]。我的故事以新印度的建国之父辛格圣雄的事业为主线，与其他小组准备的更严谨的客观与量化的规划相比，更具可读性；但是，我想没人曾认为我们想象的未来会真的有用，至多与射电天文学家为与外星智能的交流付出努力的结果一样。从思想上而言，期待惊奇之事的努力的确很严肃，但是结果微不足道。

次年，第二场学术会议在克拉克大学召开，凯斯扮演了更为重要的角色。在会上，我了解到大量有关地球大气层和水圈最近污染率的最新数据。有关从我们的烟囱和废水管中倾泻而出的新旧化学物的这些报告累积着力量，使我确信地球作为一个整体较老的生态平衡的拐点越来越令人不安地在逼近。我非常敏锐地觉察到人类对我们生态环境劫掠后的破坏。带着这种觉察力，我离开了会场。

116

经再三思考，我脑海中浮现出一种物理—化学、生物和符号学层面三重不稳定的平衡概念，三者之间交互重叠着同时发生且持续不断地相互作用，塑造着我们的世界。我开始相信人类活动更多地受到相互认同的意义的支配，而非外在真实，但是我们用以协调行为的语言自身是符号不断演化的平衡，并以一种无穷无尽的复杂方式与生物和物理—化学之间的平衡相互影响，以便确定我们及其陆地环境真正发生着什么。我相信，这种过程超乎精准的测量或知识理解之外，比有意识的目的或有记载的行为更能在人类事务中占据更大份额。换句话说，我们祖先所称之的上帝意志或天意，在我看来，似乎是一个庄严而神秘的过程，包含了物质与能量不稳定的相互影响的平衡——从电磁场和夸克到 DNA 和有机体，从 DNA 到生态系统和社会——在无实体的语言和符号的魔法中终结，它们能够协调数以百万甚至十亿的人们之间的感情和行动，以此改变着我们周遭的几乎一切事物。

最后，1980 年夏威夷大学的客座任命和 1980—1981 年在牛津大学担任伊士曼教授值得一提。在夏威夷，我遇见了中国史和日本史的同行（和一名有天赋的研究生），他们修正了我对东亚社会和经济史方面的理解。我在牛津大学期间没有获得类似的思想上的启迪。的确，我怎么被选任伊士曼教授至今是个谜；虽然或许是凭借《瘟疫与人》，因为科学史的教授确实

特别留意到我的出现。但是显而易见，负责此次荣誉授予的委
员会没有咨询伊士曼教授云集的贝利奥尔学院的历史学家们。
不管怎么说，贝利奥尔的历史学家们漠不关心的同时彬彬有
礼，而学生无论如何只是漠不关心。伊士曼教授被要求给本科
生授课，但是由于牛津大学学士学位取决于考试，而我不得不
讲的东西不能提供他们的考试所需，他们没有理由听我唠叨，
所以没有出席。六个甚至还要少的听众参加了我的讲座，且只
有一对退休的夫妇——老朋友——听完了全部课程。我从来没
有如此受尊崇，也从来没有如此孤独。

　　我当时正忙于《竞逐富强》的收尾工作，调查经济与军事
事务之间的交集部分；当我在贝利奥尔学院发表讲话，声称自
由主义的英国在第一次世界大战之前便开拓了与德国之间的军
备竞赛，我的评论引起了与不久后 AHA 主席演说引发的同样
的死一般的缄默。我还应该说，当时新任牛津大学历史学钦定
教授的迈克尔·霍华德爵士违背了大多数牛津历史学教授的意
愿，对我非同寻常的友善。我相信，他同样在牛津感觉到孤
独。总的来说，在牛津大学贵宾席上经常要回避严肃的思想和
专业问题的讨论，这种贵宾席上的善意戏谑令我感觉降低了我
在芝加哥大学所习惯的那样。在芝加哥，面对面的争论甚至在
全职教授中间皆被接受，而牛津诙谐的闲谈风度则少见。

　　这样那样的荣誉、旅行和会议在改变我认为什么是重要的

118

问题方面的作用较小。阅读书刊、会见致力于宏观历史事业的关键人物起了更大的作用。三个人脱颖而出：尼尔斯·斯滕斯各德、伊曼纽尔·沃勒斯坦和约翰·古德斯布洛姆。我分别评述一下。

我不记得是怎么无意中发现尼尔斯·斯滕斯各德的博士学位论文《大帆船、沙漠商队和公司》，用英语写成，却费解地在丹麦出版。我满怀热情地阅读，因为较之以前，他更明了地解释了沙漠商队贸易怎么在亚洲组织开展以及 17 世纪欧洲贸易公司如何影响了旧的贸易模式。我相信他的著作应该比它初版的潜在读者群更广泛，于是说服芝加哥大学出版社再版。在斯滕斯各德的赞成与合作下，该书被命名为《17 世纪亚洲的贸易革命》[8]的修订本问世。该书影响力有多大，我不敢妄言；但是在我看来，正是斯滕斯各德对受到资助的商队大旅舍援助了穆斯林陆路上商旅的描述以及一本出自理查德·W. 布利特之手的精彩著作《骆驼与车轮》引发我写了一篇名为《车轮的非凡》的文章，发表于《美国历史评论》[10]（1987）。这篇论文描述了盛行于欧亚大陆各不相同的陆路交通方式，并强调沙漠商队以及供给这些商队的穆斯林机构性安置的中心作用。与着笔撰写《西方的兴起》时所能够把握的世界范围的关系相比，我试图更明确地把握它，随之，日新月异的交通与通讯方式正明显地涌现出来。

　　我与伊曼纽尔·沃勒斯坦的相遇以及对其资本主义"世界体系"概念的接触朝着同一趋势推进了一步。1976年我因评论他的杰作《现代世界体系：十六世纪的资本主义农业与欧洲世界经济体的起源》[11]第一卷而发现了他的观点。我记得被他对核心、半边缘和边缘的分析描写所吸引，从这一观点出发，他从社会—经济学角度界定我曾在《欧洲的草原边疆》《威尼斯：欧洲的枢纽》研究过的东欧社会；令我满意的是他处理美洲种植园社会的方式，他将美洲种植园社会与东欧和东方的谷物出口庄园作比较，将其纳入到世界体系的一部分。

　　同时，我对沃勒斯坦热衷康德拉季耶夫周期持怀疑态度，且很确定他剖析的世界体系并没有如他所认为的那样在1500年之后兴起。他令我确信的是，跨越文明边界的财政与经济的流动以广泛的途径改变了社会结构和日常生活的常规。相应地，读毕沃勒斯坦的书，我得出的结论是反映不断变迁的交通和通讯方式的一个世界体系（或多个世界体系？）而不是我业已在《西方的兴起》中讨论过的多种独立文明，为将人类历史作为一个整体来理解提供了更好的途径；在那之后的几年，我尝试着用先前使用过（模仿汤因比）的不常见的术语"人居领地"来代替"世界体系"以便描述跨文明的关系。

　　荷兰社会学家约翰·古德斯布洛姆是第三个。在我看来，他是拥有悲天悯人之情怀的宏观历史学家。1984年在德

119

国比勒菲尔德举行的"文明及其进程"会议上遇见了他，我认为他组织该场会议意在向德国学术圈重新介绍诺伯特·埃利亚斯及其思想。埃利亚斯在第一次世界大战期间逃出纳粹德国，直到战后一直在英国默默无名地教授社会学。到1984年，他孤独、年迈，退休已久。古德布洛姆成为埃利亚斯观念的倡导者。那时，我对此一无所知。相反，我宣读了一篇与指定给我的主题相关的论文《西方的兴起：长期的历程》[12]，并有幸与古德斯布洛姆进行了一次长时间的谈话，会议举行完毕，他开车载我去阿姆斯特丹。我们发现彼此有很多共同之处，自此我继续与他通信联系。随后，他写了一本好书，名字是《火与文明》[13]，该书追溯了在各种各样的层面上使用与控制火的过程中人类行为的变迁。这是一个独具匠心和至关重要的主题，火在人类历史上的核心作用尚未被人们完全意识到，甚至专家亦然。实际上，古德斯布洛姆将埃利亚斯的"文明进程"观念运用到史前史并贯穿整个人类历史。这堪称一项伟绩，因为埃利亚斯自己的著作仅限于欧洲，并只集中于近几个世纪的变革。简而言之，古德斯布洛姆分享了我研究整个人类冒险历程的雄心，不久，他在阿姆斯特丹率先开设一门课程以此来拓展其研究，这门课程效仿大卫·克里斯蒂安在澳大利亚悉尼开设的课程，已被称为"大历史"，比如研究自宇宙大爆炸以至地球上人类历程的宇宙史。古德斯布洛姆将我引入到这一更大视野的历史现实，总而言之俨然成了我的顾问和朋友，他的思想阐释得一针见血、演讲字字珠玑，这激励我继续进行思想探索。

我关注其他人的观点大多通过这些年我写的书评，包括李约瑟，他的名为《中国科学技术史》[14]的奠基性著作开阔了中国历史的全新远景；研究冷战的约翰·加迪斯；研究欧洲经济史的 E. L. 琼斯；研究人口与农业变迁的恩斯特·波塞鲁普和研究销声匿迹的利玛窦——首位来华的耶稣传教士——思想世界的史景迁。教学与指导博士学位论文同样逐步增长了我的知识。我从学生那里获知最多的有斯图亚特·布朗、布莱恩·戴维斯、罗伯特·芬利、巴顿·海克、苏珊·凯迪莱克、沃尔特·麦克道格尔、约翰·马里诺、斯蒂芬·罗伯茨、休·斯克金、萨米达和玛丽莲·瓦尔德曼。还有一些人我虽然没有帮忙指导学位论文，但是不管怎样，他们参加了我的研讨班，支持了我的教育。

现在对我 1976 年到 1987 年各方面的一些著作作一简短评价。第一本标志性著作是《人类移民史：模式与政策》[15]，由美国艺术与科学学院中西部分部与印第安纳大学联合主办的会议的论文集。我们的会议于 1976 年在罗伯特·欧文那时重建的乌托邦即印第安纳州的新哈莫尼举办。我是提议该主题的主要发起人，鲁斯·亚当斯筛选参会者，主持全部事务，我感觉

121

它取得了非同寻常的成功。因为我们请来了来自几个国家的历史、法律、经济、人类学、社会学、地理学和神学等专家，显而易见，他们的词汇量参差不齐，甚至导致为数不多的参会者在最终出版前重新梳理并大幅度修改其论文。地点也很有说服力，我自己的供稿——编者导言和一篇论文《人类移民：一个历史性概述》[16]——总结了我关于移民的代价与益处的看法和以我认同的方式理解整个移民历程的局限性。这次会议一个意想不到的结果是学院的行政主管约翰·沃斯对我关照有加，想方设法让我担任副主席，负责未来几年提名社会科学领域的新成员。

在另一次会议上我重新回到移民主题上来，这次是1983年在哈佛，并写了另一篇文章《历史视角下的人类移民》[17]。这是我这一主题最富有洞察力的文章，引起了美国移民研究的泰山北斗伯纳德·贝林追问我这些观点的来源。当我告诉他它们是自己思考所得，源于一般的思考时，他或许惊奇万分，大概也大失所望。没有一丝一毫来自书面文献的证据的好想法令多数历史学家深感不安；而我关于城镇与乡村、中心与边缘的移民模式的观点正是这样。正如《瘟疫与人》里的推测，这些观点都超乎文本证据之外，但是我很自信，总体来说在大多数情况下我是正确的。

我偏爱轻率概括，一个早年例子表现在哥伦比亚大学一次被遗忘良久的演讲《论民族边界：种族的同质性与多元性》[18]。

我将分配给我的主题当作为一个最早的想法的辩护机会：多种族帝国作为合理的人类未来依然有其确当性。这篇论文的结论部分在 2004 年激起强烈的回响，当时布什总统在攻打伊拉克之后，利用当代美国武器全副武装将恐怖分子穷追到天涯海角，似乎运筹帷幄，力争建立美国的世界帝国。

类似的超乎基于根深蒂固的证据的边界之外的冒险活动是 1986 年我在普林斯顿作的名为《防御大灾难》[19] 的讲座。这篇文章也曾不止一次出版，引起了专业领域的忧虑而非赞同。这是我被邀并接受的为数不多的讲座，其中一些要求出版。我选择的主题范围显然体现在后来集结成薄书的书名里：《人类状况：一种生态的和历史的视角》[20]《伟大边疆：现代时期的自由与等级》[21] 和《世界历史中的多民族与民族团结》[22]。

这些讲座第一个于 1979 年在克拉克大学主讲，它通过将“微寄生”与“巨寄生”作为人类状况不可避免的两种维度力求将历史纳入到生态学视野。这种极端的简化概括了《瘟疫与人》关于“微寄生”的信息和当时即将出版的《竞逐富强》关于“巨寄生”的核心信息。这种简化论困扰着西奥·冯·劳厄，负责邀请我到克拉克大学做讲座的人；但是他和时任克拉克大学历史系主任的乔治·比利亚斯成了我的忘年交。

《伟大边疆》是在得克萨斯州贝勒大学发表的演讲，被当作对特纳著名假说的修正，因为我认为“边疆状况扭曲了欧洲社

123

会的社会金字塔，要么激烈地使它变得平整，迈向平等和无政府主义的自由；要么换种方式，使等级制度变得森严，以便在所有者和管理者一方与奴隶、农奴或债务强制劳动力一方划分边远居民"[23]。几年前，我第一次读到特纳的文章时，曾因他没有提及密西西比州低地边疆上的奴隶劳动力而惊讶；在准备这些讲座过程中，当我阅读到沃特·韦伯首称伟大的（即环球的）边疆[24]的著作时，我意识到尽管有俄国农奴制、美国奴隶制和不计其数的其他强制性边疆劳动力的例子，他对移民到地广人稀、资源丰富地区的少数人口的举止也存在同样片面的理解。我还发现在美国公众中盛行的边疆自由的观念令人惊诧，因为我一本小书当然改变不了几代以来我们珍视的新天空下偏爱的自我形象。

一次类似没有规矩的心血来潮扰乱了当时大行其道的虔诚的学术氛围，我在多伦多的讲座正受到这种心血来潮的启发。这次讲座致敬了唐纳德·克雷顿，他是一位加拿大历史学家，穷其一生力求自己及其读者信服加拿大正在变为单一民族，尽管法国—英国—印度的分歧以及美国转移了分散的引力的吸引。我的观点与其针锋相对：多民族是文明社会的标志，而种族的同质性是例外的，且大多出于想象。在我自己的青春时代，我曾在多伦多的学校满腔热情地吸收加拿大（理解"英语"、"新教徒"）的爱国主义；移居到芝加哥后只是逐渐在不知不觉间摆脱了这种信奉。毋庸置疑，芝加哥正兜售美国人的爱国主义，但是我的加拿大经历驱使我抵抗转向对美国的独特性和优越性的信仰：因此我反对对边疆自由美德的崇奉；因此我质疑加拿大努力实现（强加?）全国范围的民族团结。

就我判断，我在加拿大多伦多的讲座比在美国贝勒的讲座受到了更热烈的欢迎。毕竟，当时加拿大人正试图与魁北克省坚定的法国分裂主义达成妥协，且将其视作文明标准的体现，这或许至少一定程度上可以舒缓人心；然而，我向美国人传递的有关边疆模糊性的信息在历史学家中间并非新鲜事，只是在很大程度上摧挫了公众的兴致。当谈到塑造国家与个人的自我形象时，证据和纯粹的理性只有有限的分量，所以这些令人不快的旧的虔诚信仰的表达满足了它招致的淡忘。

恰是同样的话可以评说我在西点发表的与国家成立 200 周年纪念有关的演讲《世界视角下的美国独立战争》[25]。我将北美的独立事件与同时期俄国的普加乔夫起义、与科西嘉岛的保利起义相比较，表明它们有很多共同点。我至今仍然认为这种比较是正当的，甚至是有启发的；但是我们的民族是独一无二的这种长盛不衰的信念严防这种侮辱性的比较。显然，我的同事兼历史学家们干劲十足地破除传统神话，却未能用饶有兴味的新神话[26]取而代之，我曾经为之哀婉叹息。但是这一事实并

125

没有阻止我干同样的事，因为我力图向这种维持了普遍信奉的妄自尊大观念发出挑战，而我给出的替代性观点短期改变了那种集体的妄自尊大。

这并不适用于我这些年重大的思想开拓成就：撰写《竞逐富强：公元 1000 年以来的技术、军事和社会》[27]（1982）。1964 年卡罗尔·奎格利教授评论《西方的兴起》时指出，尽管我密切关注军事和武器技术怎么影响了古代和中世纪时期的经济和政治，但是公元 1500 年之后"莫名其妙地"忽略了这一主题。我这才意识到撰写此书的需要，奎格利的指摘一语中的。从我读到他的评论的那一刻起，便意识到实际上我早已将现代陆军和海军抛之脑后，不假思索地用我的老师们传授的 19 世纪自由主义的观点来审视富有意义的历史。根据这种版本的历史，战争与战争准备都是从被错误的观念指导下的过去承袭的不幸遗产，并且随着文明的、自由的和自治的理性抉择为人所接受，加之经济相互依存、非理性与破坏性的暴力被和平谈判与国际性组织取而代之，它注定逐渐消亡。

很显然，第一次世界大战和第二次世界大战与这种观点相矛盾；但是当我撰写《西方的兴起》时，我尚未有此智识，认识到职业军人和那些支持他们的群体之间共生与巨寄生的关系维系贯穿于古代中世纪以及现代时期。到 20 世纪 70 年代后期，给研究生和本科生教了几十年现代欧洲外交和政治史课并指导了一些探

126

究军事组织和技术方面的优秀博士论文之后，我准备接下奎格利的挑战，看看在纠正《西方的兴起》这一令人遗憾的缺陷方面能做到何种程度。于是，我利用1979年在夏威夷大学继而1980—1981年在牛津大学做访问学者挤出来的空闲时间完成了《竞逐富强》的大部分。

我写书的过程还和以前一样，为曾经彼此孤立的学术传统建立联系。因为除了为数不多的显眼的例外，已出的欧洲军事史好像如长在树上的武器多得俯拾即是，而经济史，尤其是已经写成的工业革命史好像批量生产的标准化的商品军事市场并不存在。经济学家与士兵之间长期存在的恶感或许解释了这种异常现象。但是第一次世界大战和第二次世界大战之后，当军事指挥和战略性计划与经济动员和新武器计划性发明之间的联系如此紧密，很显然，军事史、政治史和经济史彼此交融。

从我填补这一缺口的尝试中，我脑海涌现出了三个主要观点。其一是一个命题，即第一个现代铰链式市场的社会兴起于公元1000年的宋代中国，加之其他因素，引起了枪炮武器的发明和传播。我的这一见解在很大程度上归功于芝加哥的旧同事郝若贝[28]、伊懋可[29]，尤其是斯波义信[30]三位大家三篇妙笔生花的论文。休·斯克金，当时芝加哥的一名研究生，也在著书目录和其他方面的引导上给予我极大帮助。一旦我开始领会到中国在创造市场经济上的早熟，我大胆地提出为人熟知的中

127

世纪欧洲城镇和远距离贸易的兴起最好被认为是发生在中国和印度洋海岸超大规模商业化的远距离支流。多亏了少数其他学者的著作——E. L. 琼斯、K.N. 乔杜里、安德烈·贡德·弗兰克和其他人——这一观点自此赢得了广泛接受，公元1000年到1500年以及之后以宋代中国为中心的跨亚欧市场这一事实如今被普遍承认。对欧洲资本主义兴起的独特性这一传统观点，以及传染病的角色的修正，可算作历史理解中最易感知的变化，而我一直以来帮助传播这种历史理解。

《竞逐富强》的第二个新命题是，封闭的军令训练，从罗马军队开始更新，旧政权的欧洲军队士兵身份出奇地低微，却出奇地服从命令。根据基本军事训练的个人经历以及在夏威夷与战前美国军队中常备军的亲密接触，我特别强调一种训练下的心理效应，即把贫穷的农民子弟和城市征兵入伍者培养成服从的士兵，时刻等着一声军令准备在世上甘冒生命与截肢的危险。我提出的训练的心理影响这一见解在多大程度上被军事和政治史学家所认可，我没有把握，但是至少他们没有对我的主张一笑了之。

本书第三个独出机杼的命题是英国充当了当代军事—工业复合体的急先锋，并在19世纪晚期使司令部的创设制度化，德国和法国仅在其后。然而，就我所知，这一观点在英国史学圈受到了非一般的漠视。这与英国人所珍视的文雅形象扞格不入，颠覆了谴责德国人掀起两次世界大战的心安理得。所以上述观点的未来是不确定的，尽管我认为它有十足的证据。不管怎样，《竞逐富强》总体来说博得了同道历史学家的赞许，比《瘟疫与人》或我关于东西欧联系的著作更加贴近他们的传统关切。

总体而言，军事史学家，美国学术圈里饱受指摘的卫戍部队，对我的书给予了热烈响应。书中在开创批量生产和现代性其他普遍受到赞誉的特质——包括预防医药学——方面赋予了陆军和海军更大的权重，且通常对军事专家毕恭毕敬。因为我主张不论他们的制成品在战争中具有多大的毁灭性，他们也与追逐利益的企业家或政治家和传教士同样有效地制造新事物。1941—1946 年我在美国陆军积极的亲身经历影响了我的语气；第二次世界大战同样影响了美国的转型。所以，就像《西方的兴起》，这一扩展了的注脚及对它的修正反映了美国权力和繁荣的剧增，这正是 20 世纪后半个时期的主流特征。

《竞逐富强》还加强了我与科罗拉多州的空军学院之间的联系。1954 年空军学院成立，负责给军校学员教历史课的老师需要决定如何教课，这不久便建立了我与该学院的联系。说来也怪，空军学院新成立的历史系的第一任领导曾经在芝加哥的神学院获得教会史的博士学位，恰是我的父亲指导了他的学位论文。很可能他是人事行政人员中唯一一位取得历史学博士学位

128

并拥有一定军衔的空军军官。无论如何，萨拉上将负责决定在新学院教什么历史以及怎么教授历史来结束他在空军部队的 21 年生涯。此外，由于整个管理的指导方针是不效法西点军校从而促使学术教学与大众水准齐头并进，他和他的同事们准备革新。或许从一开始，或者至少是迅速地，他们决定世界史是其新方向。于是，在《西方的兴起》问世不久，我获邀拜访他们在科罗拉多泉光彩耀眼的新建的校园并给予指导建议。一个结果是，该学院采用我的教科书《人类共同体的历史》作为他们的基本入门课程。不管愿意不愿意，几代空军学员自此接触这门课程，美国空军的职业军官时下已经组成了受我的观点影响且最具影响力的个人团体——如果军校学员的确深受这种匆忙且饱受折磨的生活感染的话，他们在科罗拉多与在西点和安纳波利斯同等程度地忍受着这种生活。

总而言之，我在芝加哥的最后几年忙碌而又充实。更广泛地涉及受人尊敬和顾问性的角色并没有完全妨碍我重新尝试从整体上理解世界，尤其是领会人类的过去。我对人类历史的生态视角的了解与领会变得更全面了；对大多数农民（和我们这一时代曾经的农民）的关注获得了动量；随着地球上富有民族中间城镇人口减少的现象愈加明晰，人口统计——增长和减退——开始像一个永久的背景现象，构成了政治的基础并决定性地影响着政治。

　　和往常一样，我的主导观点是进程比目的更重要，而同代人往往没有意识到。对现实的看法为我想象、推论与建立超出同时期文本证据之外的联系创造了可能。反之，谨慎、传统和"科学的"历史学家们如此普遍地忽视我所说的话。然而，除非我自欺欺人，否则随着全球化趋势的加强和没人期盼的世界范围的进程愈加明显，当代经历的砝码将偏向我这一方。如果这样的话，自觉的"科学的"历史学家不是将自身限定在文本史料正巧所记载的范围内，而是肯定必须用他们自己的观点和假设来增补他们在旧文献的发现，正如我认为真正的历史学家惯常所做的那样，即使没有有意识地承认它。

　　从学生时代，我的想法变得越来越庞杂，但是推动我对个人的与万事万物的理解的核心力量一如既往地强大。我曾经以为每个人都满怀雄心壮志；直到1987年我退休那年，恍然意识到一般的公众和大多学者安于生活在因袭的思维定式中。极有可能，尽心尽力去构建普遍真理（领会"神话"）是尝试不可能之事。没有谁的观点能够永存，或者与现实恰切吻合，今日的自然科学家对此心知肚明。但是如果不尝试弄清楚人类事务——不管它们多么庞杂——便是放弃根本的人类追求。毋庸置疑，不是每一个人都尝试这么做；但是不管怎么说它是那些思想上焦躁不安的个体的确当追求。自旧石器时代的萨满巫师、苏美尔祭司、中国的圣贤和希腊哲学家及历史学家时代以来一直如此。简而言之，关注并修正公共神话是每一个时代的要务，不仅是我们这一时代。这正是我持之以恒地尝试做的事情。

第五章

在科尔布鲁克的退休时光
（1987— ）

　　教书 40 载，历经芝加哥大学社群教学的和五花八门的活动，1987 年 3 月我正式从芝加哥大学退休。历史系安排了欢送宴会，当时的大学校长汉娜·格雷在宴会上作了简短发言。直到那个时候，我才得知世界史将不在芝加哥大学继续开设这一事实，整个发展机遇被我搞砸了。迈克尔·盖尔，20 世纪德国史的一位专家，曾被任命为我的下一任，所以我总结道，我的大多数同事看到我和世界史携手离开将欢欣鼓舞。

　　这或许是不公正的。很久之后，我获悉学院院长曾希望继续教授世界史，却遭到汉娜·格雷的断然否决。根据他的回忆，格雷宣称，"根本没有所谓的世界史这回事"，事实如此。我的同事们都默然接受了，但是他们别无选择，或许并不像我在退休期间认为的是他们抛弃世界史，他们不是对我作品的不信

132　任，但是我仍觉遗憾，芝加哥大学错失了在认可世界史方面领导美国学术界的良机，正如先是哥伦比亚而后是芝加哥大学在推动西方文明课程一样。

　　起初，我与芝加哥纽带的切断没太改变我在史学界的地位。到1993年，最突出的是担任联邦政府夸张地定名的"克里斯托弗·哥伦布五百周年纪念委员会"委员。部分由国会任命、部分由白宫任命的委员会主持哥伦布著名航行的第五百周年纪念庆典。1985年当该委员会成立之时，每个人对1892—1893年在芝加哥哥伦布纪念博览会呈现的民族自豪感的涌现记忆犹新，并期待着类似的事情会再次发生。我的任命实际上在很大程度上源于以下事实，即少数芝加哥商人计划在1992年举办第二次哥伦布世界博览会；但当大规模许可黑市是他们的部分计划这一情况被揭露出来时，计划很快破产。

　　总的说来，我不是研究哥伦布的专家，也没和政治挂钩，所以不太可能成为该委员会委员。约翰·威廉姆斯是国家人文基金会的高官，也是阿巴拉契亚的历史学家，负责此事。为了筹划此次纪念庆典，他邀请我和一些其他学者在圣菲参加会议以详尽地商讨事宜。当然，我着力强调在《瘟疫与人》中提出的观点，传染病在旧世界与新世界民族的相遇中是至关重要的因素，认为如果可以让公众明了这点，或许可能消解在庆典活动中必然引发的一些种族紧张关系。威廉姆斯喜欢这一建议，劝说 NEH 的负责人向白宫提名我。里根的副官们没有异议，于是我应时受邀，参加了委员会的启动大会，却没有料到各自的追求差之千里，会议举行得不顺利。

　　正如委员会的组成，它造成了意大利后裔和拉丁美洲人的两极分化。意大利人将第五百周年纪念视作他们一年一度的哥伦布发现美洲纪念日庆祝的扩大，后者早已把它化为民族认同和自豪感的符号。另一方面，拉丁美洲人志在把这一纪念庆典据为独有，但是自身分裂为强调彼此对立的美洲印第安人传统和西班牙传统。民主党人和共和党人又形成了一个裂痕；一些不归属于任何党派的个体，包括我在内，构成了整个委员会。白宫提前选任了我们的主席，一位名叫约翰·古迪的出生于古巴的迈阿密商人。他通过无竞争选举旋即在施压和催促之下入职。当时令我出乎意料的是，我被选任副主席，大概因为我既非意大利人亦非拉丁美洲人，并作为历史学家或许知道我们正在庆祝什么。这更接近于一场真实的选举。我记得在投票前我的委员会同僚们匆匆打量我，我的名字模棱两可，可能是爱尔兰天主教徒或苏格兰长老会教徒，没准有利于他们接纳我。

　　但是约翰·古迪是个不合群的人，这样一来只要他主持委员会事务，副主席意味着徒有虚名。在他的领导下，委员会每季度聚会一次，在美国国内从一个城市到另一个城市进行公款旅游，还漂洋过海去热那亚、西班牙、圣多明各和巴哈马群岛。福利相当可观；我们参观的一些地方值得纪念，尤其是圣多明各和巴哈马群岛上一个偏远的小岛，该岛（或许）是哥伦布首次着陆的地方。古迪力图实现的一些事情值得钦佩，尤其是他公开支持以下想法，即通过资助哥伦布学者为国家留下永久的印记。我们根据学生的外语和高中的历史成绩——每一个国会选区一个名额——进行选拔，入选者将在海外留学一年完善他们的外语，扩展他们对有关民族的知识。但是私人捐助者被证明难以找到，古迪等人希望通过发行纪念金币获取利润来资助这些研究者，事实证明有些荒诞，且希望不大。纪念币的销售量很小，一方面在于整个纪念活动变得糟糕透顶，另一方面在于国会指令造币厂另外发行 5 种金币以支持同年其他的公益事业。

早在这一败笔之前，约翰·古迪对委员会的管理已经栽了跟头。与西班牙政府之间就建造哥伦布的"圣玛利亚号"仿制品由哪一方出钱争执得热火朝天。不管怎样，1992 年一艘"圣玛利亚号"仿制船最终在国际"高桅帆船"赛舟会下海，在美国几个港口巡游。古迪的下台在于他在试行哥伦布学者项目时轻率做出财政承诺。这意味着他要安排那些根据分数选出的应该受到奖励的美国高中生去圣多明各进行夏日游览。但是当私人捐助没有兑现的时候，古迪发现自身没有能力支付学生的住

房和生活费用。与他的一些希望通过兜售第五百周年纪念的
"官方"纪念品来发财的朋友和熟人之间各种灰色交易也得到
恶报。他有失体面地辞职，我成了执行主席，没有能力偿还委
员会的债务，被要求承担无论如何终止全部荒唐事的职责。

　　或许没有人能够如预期那样使委员会运转。把哥伦布尊为
美洲之伟大的奠基者这一古老的、多半虚构的虔诚，在他摧毁
更是虚构的美洲印第安人的天堂过程中所扮演的角色的猛烈攻
击面前日渐衰减。激进的环保主义者、悲愤的印第安人和其他
哥伦布痛击者们愤怒的能量比对哥伦布航行所肇始的震惊世界
的变迁进行的冷静评价博得了更多的关注。由于我在委员会
的职位，受邀在许多学校发表关于如何理解第五百周年纪念活
动的演讲，但是我捍卫哥伦布航行的历史重要性的努力价值不
大。遇到像柯克帕特里克·塞尔这样愤愤不平的人的确使我措
手不及，他的书《征服伊甸园：克里斯托弗·哥伦布和哥伦布
遗产》[1]是对第五百周年纪念活动引发的对哥伦布最学术、雄
辩、执迷不悟的攻击。塞尔运用技巧和神气十足的派头做了必
要的准备工作，梳理了哥伦布生活的细节以表明他如何违背
了20世纪环境主义和人道主义的准则。但是当约翰·卡特布朗
图书馆邀我与他正面辩论，我回避了，感觉自己尚没有能力抵
消塞尔对历史不公的谴责。他援用我们时代的标准来衡量哥伦
布；但是哪类历史学家没有做类似的事情？我把哥伦布的行为

135

和其他人的行为置于不以个人意志为转移的改变世界的生态冲突之下，这以一种大多数人觉得不具吸引力的方式（不论该方式貌似多么合理）降低了人类目的和人类特性备受关注的中心地位。

公共 TV 和波士顿电台 WGBH 为我提供了一个向美国公众介绍我从生态维度解释哥伦布相遇这一观点的较好机会。电台斥巨资制作了 8 个为时 30 分钟名为"哥伦布与大发现的时代"的系列节目。制片人事先邀请我与他们协商讲些什么以及怎么讲。他们和其他相关人等真正对历史的准确性感兴趣，我令其相信传染病在摧毁印第安文化和人口方面的重要性。但是他们还想吸引人的眼球，用我开始意识到的"视觉修辞"来对其影片加以包装，不加选择地从当代墨西哥农村中搜集素材。不管怎么说，这些影片广泛上映，成了宣传我所认为的关于第五百周年纪念活动最重要的东西的主要传播媒介。

总体来说，我在委员会的经历没有达到我的期望。国会和白宫匆匆拼凑组成委员会，其各色人等从未凝聚成一个有条理的团队。无人预见到第五百周年纪念活动引发的批判风暴，亦无人做出有效的回应。相反，种族关系和为数不多的关键人物的竞争充斥着这一委员会；而古迪独木难支，靠个人的力量从私人那里募集巨额资金无一例外地失败了。在筹备发行纪念币时，我们与立法程序之间的争执既冗长又笨拙，我们的一个绝佳想法——哥伦布学者项目——在襁褓中幻灭。

在我看来，另一次令人失望的经历是 1988 年春季在威廉姆斯学院教授的一学期。威廉姆斯是一流的学院，参加我的课程的学生能力十足却了无兴趣。我承担了伊斯兰教历史，这门课程显然是威廉姆斯课程体系的缺失，我还选择马歇尔·霍奇森的《伊斯兰文明的历程》作为教科书。这是一个错误，因为这本书太长而无法读完，表达拙劣不能博得学生的眼球。我希望他们每周阅读 50 页，然后课上讨论霍奇森说了什么。几周下来，课上的讨论很僵硬，还不时伴随着尴尬的沉默。有一次一名疲惫不堪的学生向我解释道，他每周不能阅读 50 页，因为他整个下午都在练习长曲棍球，累得筋疲力尽，无法在晚上阅读。多样的运动意味着几乎所有威廉姆斯学院的本科生每个工作日的下午都忙碌不堪，习惯性地利用其周末时间赶做课堂作业。他们写得一手好文章，对如何突击准备考试一清二楚，但是不熟悉也不愿意接受课堂讨论。总之，他们一直在准备加入美国高端的劳动大军——华尔街或之类的行业。探究奇怪而陌生的伊斯兰世界似乎与他们无关。我在威廉姆斯遭到的惨败使我恍然明白在芝加哥大学享有的优遇，在那里本科生求知的雄心是常见的，而体育总是第二位的。

在威廉姆斯的第二个研讨班致力于讨论《西方的兴起》。我分配本书的一个章节给每一位参与者，要求每人在课堂上做展

137

示，说出其优点及不足。而这次被证明也失败了。他们知之甚少，不能漂亮地完成任务，大概也因担心我不乐意负面的评论而觉拘谨吧。不管怎样，这个学期的确取得了成果，学期结束时我写了一篇论文《25 年后再谈〈西方的兴起〉》，在《世界史杂志》1990 年第一期上发表[2]。自我的书出版以来，我之前从未从头到尾一页不漏地通读过，这次我既发现了很多满意之处，也发现一些严重的欠缺。如果没有威廉姆斯研讨课的激发，我也不会有此良机重评我的著作，《西方的兴起》后续的印刷也将不会有这篇论文作为序言。

不管怎么说，我从威廉姆斯的亲身经历中总结道，试图教即使有天赋和训练有素的本科生也不是我的强项，于是拒绝了以后向我发出的此类邀请。相比之下，我的父亲在其退休之后巡回教学近 20 载。他需要额外收入，和同事接触，进出图书馆，愿意以此来缓解在乡村的孤独。但是我的退休金和版税实际上超过了我作为活跃在讲台上的教授的收入；一系列的会议和讲座邀请，加上长期参观与我准备中的书相关的图书馆为我提供了当年父亲作为教师致力追求的那种学院支持。因为我生活的时代出现了学术资源的扩张，这在很多方面令我的退休生活远比父亲那时更便捷、更舒适。

到 1996 年，我的事业因荣获伊拉斯谟奖在公共领域达到顶峰。随之而来的是年复一年地参与各种有趣的事情。其中一

138

项是我与 WHA（世界史协会）之间的渊源。它于 1984 年在空军学院历史学家的鼎力支持下在科罗拉多创立，并旋即成为整个国家世界史的组织中心。WHA 把高中历史教师与大学历史学家召集起来，由于高中是世界史教学之所——至少从一开始——少数专注的高中历史教师从一开始便起了带头作用，其中来自科罗拉多州阿斯彭的海蒂·拉普是首要带头人。WHA 隶属于 AHA，这不久使 WHA 有可能在 AHA 年会上筹备会议，很快，外国成员和隶属的组织，尤其是来自亚洲国家，加入成为其成员。最重要的是，1990 年之后，《世界史杂志》开始在杰里·本特利的主编下出版，它迅速吸引了来自英语世界及其之外的高质量的供稿。我在这里仅起了微小的作用，但是时常当顾问。我常常鼓励他们，而他们巨大而持续的成功也使我振奋起来。

　　1990 年在其他三个方面值得关注。1989 年我在弗吉尼亚大学发表的演讲以《1750 年以来的人口与政治》为题出版。在准备出版过程中，我在华盛顿的伍德罗·威尔逊国际学者中心度过数月，首次利用国会图书馆使"我关于人口统计音域的思想"明朗化，"它就像风笛的嗡嗡声设定了背景声，政治辩论更为刺耳的声音在此基调下竞相引起关注"[3]。这些讲座总结了我的见解，即人口数量的增长与萎缩如何造成了近数百年来政治与经济的迅速变迁——一个回溯到我的博士学位论文和我对

139

1944 年之后希腊村庄的观察的主题。论文的定稿对欧洲论述充分，对欧洲之外人口增长的回应立论薄弱，我对人口数量减少带来的政治变迁的讨论更为概要，虽然足够发人深思，论述也合情合理。

1990 年还是我评述厄内斯特·盖尔纳的《犁、刀与书：人类历史的结构》[4] 的年份。尽管我驳斥他的观点，即 18 世纪英国的工业突变是一大奇迹，但是在我看来，他关于语言及其在人类中所扮演的社会角色的讨论一针见血。实际上，盖尔纳最终回答了这个挥之不去的问题，"什么是真理？" 20 世纪 40 年我在康奈尔大学时关于这一主题的论文陷入了绝望的困惑，便放弃了这一问题。他的启迪构成了支撑我整个思想活动的那块拱石，正因如此，我对他心怀感激。

盖尔纳出生在捷克斯洛伐克，在英国接受哲学和人类学的教育，在摩洛哥乡村作田野调查，特别关注当地伊斯兰教信仰与仪式的各种变体。和我在 20 世纪 30 年代芝加哥的导师罗伯特·雷德菲尔德一样，盖尔纳志在探究普遍性，尤其对人类行为的调节器——词汇和观念兴趣盎然。我从他 1990 年的文章里读出来的是这种观点，即语言是维持社会凝聚力和协作行为的首要工具。相互认同的意义是真正重要的；这种意义是否符合外在事实是次要的，且时常是不相关的，因为人们的行为表现得好像符合的话便可达到其目的，且在某种程度上创造他们所

140

信奉的——比如说宗教机构、政治国家，或者任何他们想象会
存在的东西。

　　简而言之，词汇和语言基本上是自主的体系，其运用仅不
定时地受制于外界事物。协作至关重要，这推动了群体生存，
避免有损群体生存的争执。当然，人类必须采集足够的食物以
维持生命；那些扩大他们接触能量流的革新，如控制火、弓和
箭或蒸汽机，总是易于传播。但是直到最近，技术革新几乎没
有或者根本没有与受尊崇的真理发生联系。这些真理是奏效
的，它们告诉每个人在通常情况下如何行事与合作从而有助于
集体生存。19 世纪后半叶欧洲数学和实验科学开始影响甚至
指导科学技术的发明。据盖尔纳所说，这种方式是阳光下的新
事物，且或许在某些群体中只有有限的生存能力，即他们延续
着充满活力、维系感情的信仰以便创造他们个人与集体生活的
价值。

　　我向马丁·马蒂提交的论文《原教旨主义与 20 世纪 90 年
代的世界》[5]与我和盖尔纳关于社会真理的讨论不谋而合，且
部分反映了后者。他的观点主要源于其对摩洛哥当地的伊斯兰
教信仰如何真实地践行的考察而形成。我的论文试图总结并阐
释多样化的地方"原教旨主义"研究，而这是马丁委托给我的
大范围研究的一部分。于是，我关于重塑的宗教信仰怎样促进
了由古老的乡村社会解体带来的痛苦变革的推断，把对得自盖

141

尔纳的重要的相互认同的意义的新理解与乡村社会在世界范围的解体这些由来已久的观念联系了起来。这篇论文还总结了我思考当代事务的一个中心主题，承认自己看待人类状况的自然主义的视角在明显退却，或许是衰退。

同一年开展了两项其他充满活力的外联活动。一次去了巴西的圣保罗，1988年一位美国记者诺曼·加尔在那里成立了他称之为的费尔南·布罗代尔世界经济研究所。它致力于宣传被经济学家及其他学者称为的巴西及拉美其他国家的"发展"战略更好的理解。1991年加尔召集了一群学者，构成人员有：年轻有为的哈佛大学经济专家杰弗里·萨克斯，当时以单刀直入的财政政策医治疲软的东欧经济（其他人名气不大）；稍微年轻些的俄国人格里戈里·亚夫林斯基活跃于国家政治的边缘地带；我自己，一个对社会弊病的速效解决方案抱质疑态度的老古董。我们被要求讨论东欧与拉美状况的异同。

我们的智慧是靠不住的，但是我与亚夫林斯基的相遇是我人生中最出乎意外的经历之一。他的英语说得相当流利，当他作为红军军士时，着迷于美国经济学家提出的自由市场经济观点，那时他私下里学习了英语。这确然非同寻常，且被下述事实夸大，即他第一次声名大噪（并获得特有的休闲）是荣获红军重量级拳击手的拳王。他力大无穷，但是1991年他的身体状况明显衰弱。当戈尔巴乔夫实行改革和公开化时，亚夫林斯

142

基已经准备好他从美国引入的激进的观点，散播他关于如何即刻将苏联转变为市场经济或类此短小的论文，立即引起了公众的关注。当我询问他的背景时，他告诉我说不知道自己是乌克兰、俄国还是犹太人后裔。他的父亲是第一次世界大战的孤儿，对其父母也全然不知；亚夫林斯基这个名字含义模糊，或许还不真实。所以，这里是一个拥有显赫、或许有势力地位的人，他对家族历史一无所知，同样其观点无根无据、抽象、完全非历史。当我观察到俄国的自由市场很可能产生种族摩擦，因为亚美尼亚人和犹太人远比其他人更好地准备好利用市场，这对他来说完全是新思路。然而，他当时是俄国小型政治党派的领袖，每天通过电话与其拥护者联络！

萨克斯的观点与亚夫林斯基的同样是普遍的、几乎非历史的，但是他对我的观点颇感兴趣，即一个竞争性的礼品馈赠（理解为"贿赂"和／或"政治献金"）的市场与竞价共存，常常对抗，在像美国和西欧这些完全"发达"国家以及俄国和巴西作为分配资源的方式。他甚至答应要考虑这条建议，但是随后我们失去了联系，所以我认为他没有空闲这么做。

一周多点的时间，我们的旅行在几个遥远的巴西城市展开，一些城市我之前从未听说过。通过旅行，我看到了该国家的广袤与多样，其丰富的资源连同由大规模的城市移民、紧张的种族关系和急剧拉大的收入不平等引起的尖锐问题。加尔还 143

在 1994 年又一次带我去巴西参加另一场不太值得纪念的会议。这些短暂的活动通常让我倍觉自己的无知，但是不管怎么说，这个国家的面积和复杂多样让我记忆尤深，也为诺曼·加尔像传教士般在少数享有特权的巴西人中间宣传北美洲的概念所折服。

第二次参与的新活动也要追溯到 1990 年，是与卢森堡欧洲与国际研究院的主任阿曼德·克莱榭接洽。卢森堡政府在二战后建立这一研究院，代替创建一所全面发展的大学。等到克莱榭邀请我参加研究院的会议时，他已经确定了一个中心主题"民族国家的活力"，将哈佛教职工俱乐部选为他主持的大多数会议的地点。他偏好的讨论会模式是提前发放一本书稿或较短的论文，而后邀请与会者在作者出席时就其作品讨论两天，并希望作者就他们提出的批评及建议做出回应。克莱榭汇聚了 20 位来自欧洲和美国声名显赫的经济史学家、社会学家和社会理论家。每个人说很流利的英语，所以讨论非常热烈，我十分享受与大卫·兰德斯、查尔斯·金德尔伯格、兰德尔·科林斯、约翰·古德斯布洛姆及其他人之间平等交换意见的辩论。

和平常一样，我感觉经济学家和经济史学家过于狭隘地构想其话语，他们假设稳定的统一的"人性"，但实际上它瞬息万变，由此忽视了人类事务基本的维度。相应地，1996 年我写了一篇题为《传统培育模式的解体》的论文，这次提交

到卢森堡自己举办的会议上以供讨论。我的论文概述了我所
认为的第二次世界大战后在世界范围内形成的传统乡村生活
和培育模式的解体。我认为，这不仅对"民族国家的活力"而
且对各地的人类社会与文化在地方的延续性产生了质疑。讨论
和通常一样热烈非常；我的同事持怀疑态度，并纠正了一些细
节；但是我认为在论文出版之前不必随同论文引起的讨论记录
作极个别的修改。[6]

144

　　实际上，这篇论文总结了我对乡村和农村生活的田野调查。
我同代的大多数美国历史学家对旧式农耕的真实状况极少甚至
根本没有个人的认知。我的认知也是肤浅的和局外人的视角；
但是我依然相信我的确由此注意到并给历史长河中大多数人类
的经历以其更确当的重视。在"传统培育模式的解体"这篇文
章中我尽最大努力阐释文明社会的农村基础以及20世纪交通
通讯连同史无前例的人口增长如何使城市与乡村之间传统的寄
生关系难以为继。

　　我仍然坚信农民与前农民的多数在世界事务中的重要作用
以及发现社会中农村与城市之间新的适应点当为21世纪最根本
的人类议程。美国式大规模高能机械化农耕模式已经从20世
纪30年代开始横扫北美洲和世界上几个其他地区，但是这种
模式不可能成为可持续的世界范围模式；可行的长期的替代模
式又很难确认。尽管如此，不论我在改变他人想法上做得多不

成功，但是对我来说，与阿曼德·克莱榭之间的联系并年复一年地参加他组织的会议是惯有的乐事。

其他三次会议或者引起了我对新思想的关注或者澄清了旧有的观念。我愿以时间顺序列举它们，1993 年夏天，在挪威诺贝尔研究所的赞助下，我开始了一次去挪威特罗姆瑟的旅行。这次是一场会议，"大国的衰落"，由研究所负责人盖尔·伦德斯塔德以独有的优雅与技巧成功举办。在北极圈北部旅行，在船上用夹具改装的光秃秃的挂钩在挪威峡湾抓鳕鱼是一次超凡的经历。我的同伴很棒——保罗·肯尼迪、王赓武、沃尔夫冈·莫姆森、亚力克·诺夫和其他人——我自己的《历史评论导言》[7] 使曾经占据我思想数十年的很多想法明朗化：多种族的帝国与民族国家、人口统计与移民、年轻人的培育、人类在主要社群内部的个人认同与持续的城市社会和公共秩序里宗教信仰——公开的或世俗的——的角色等等。就像那篇关于培育的论文，这篇文章我同样竭尽全力从大处着眼，清晰地审视人类事务中最紧要的是什么。

接着，1994 年约翰·加迪斯邀请我参加他在俄亥俄州雅典市组织的关于"混沌理论与历史"的会议。先前我没有意识到数学的这一分支，后来被其深深吸引但是不确信其对历史学家的有用性。混沌和自发模式形成好倒是好，很有可能的确描述了人类经验的一些维度；但是自我意识、语言在影响人类行动中凌驾一切的角色似乎不符合混沌模式。此后不久，在1996年我被邀加入圣菲研究所担任理事会成员。默里·盖尔曼和研究所其他中坚力量当时正计划将其生物和其他科学探究扩展至人类历史领域，我想我是佯作熟悉整体的人类历史的，这点显而易见。接下来几年的年会我都参加了，目睹了计算机编程的结果展示，即错综复杂事物的自发涌现以及在计算机屏幕等出现的点点和叉形记号之间的新式用法。生命如何起源于无机物质的流行观点的确看似合理；阐明市场的出现以及市场如何改变了人类行为的工作不具说服力；我最终从理事会辞职是因为自认为对此知之甚少，没有对他们以计算机为基础弄清楚人类事务的工作有何贡献。

146

　　或许是我年迈而不能轻易改变思维习惯。或许，正如弗兰西斯·克里克在亚美尼亚曾对我说的，我根本不懂数学。或者，或许是计算机量化的精确性显示出语汇和量化的话语在分析现实时不够充分。无论如何，就目前我所看到的，混沌理论与计算机模型均尚且不能以什么重要的方式进一步推动对人类历史的理解。恰好相反，思想专横傲慢的科学家力求把人类历史纳入到他们的数学领域，与这些科学家轻浅的接触反而让我确信自然世界与人类科学两者实际上都是历史学家特有领域的一部分。在我看来，似乎明晰的是，演进的物质世界、演进的生命形式、演进的人类意义和以这些意义为基础的协调的人类行为构成了一个天衣无缝的整体。初级的复杂事物为挥霍能源的更高级的复杂事物的出现提供了前提，其结果是宇宙和行星地球的出现，在那里令人震惊、超乎寻常的复杂精细大行其道。我提出的三重不稳定的平衡概念——物理—化学、生物和人类符号学，由能量流聚合为一个整体——似乎仍然合理，这是我为理解整个宏大的进化历程付出的最多心血。

147   1996 年 11 月我受邀前往阿姆斯特丹接受伊拉斯谟奖，我力求把这一消息看作我新赢得的荣誉。这个奖励是我受到的最大的殊荣，也是我几乎不值得拥有的奖励。自 1958 年以来它每年奖励那些"对欧洲具有显著重要性的……社会或社会研究"[8]作出卓著贡献者。这个奖项由荷兰政府提供资金，由独立的基金会管理。它以荷兰人文主义者兼圣经学者伊拉斯谟命名，伊拉斯谟在宗教改革时期殚精竭虑地改革基督教会并维护欧洲社会的统一。

接受这样命名的奖项异乎寻常地引起了共鸣，因为我的父亲作为最负盛名的加尔文学者，将伊拉斯谟奉为其个人的先师圣人顶礼膜拜。他在桌子上保留了一幅霍尔拜因的伊拉斯谟画像复制品，还将自己关于神学争论是荒唐事的和平主义观点等同于伊拉斯谟的神学争论。所有这些意味着接受伊拉斯谟奖构成了在父亲去世 21 年后与他老人家全新而意料之外的纽带。

获得如此殊荣的确出人意料。主管基金会决定每年给哪一个综合领域颁发奖项，我获奖那一年选中了"社会研究"。荷兰学者组成了专门委员会，约翰·古德布洛姆是其中一员，被要求提名。我相信很大程度上是在他的鼓动下我才榜上有名。在我之前只有一位历史学家荣获该奖：一位名叫维尔纳·卡奇的瑞士人，因其撰写同胞雅各·布克哈特七卷本的传记颇负盛名。那种具体的历史与我的大相径庭；更古怪的是我是第一位欧洲之外的伊拉斯谟奖获得者。伊拉斯谟奖获得者有政治家罗伯特·舒曼和让·莫内、艺术家马克·夏加尔和亨利·摩尔、电影制作人查理·卓别林、神学家马丁·布伯和人类学家克洛德·列维－施特劳斯。或许是因为选择的领域多种多样，这个奖项在荷兰之外很少受到关注，基金会欲与诺贝尔奖的名望相媲美的期望差很多。选中我——在欧洲思想界不太为人所知——无疑既不能为其名望增光添彩，也不能提高我在美国的地位，这个奖项在美国事实上不为人所知。

148

与贝娅特丽克丝女王的会面与交谈——她是一个健谈的人；向威廉·亚历山大王子低头接受缎带，从其手中接过羊皮纸证书；之后短短说几句以示承认其授予我的荣誉，是我事业上可喜可贺的最高礼遇。与该奖有关的是我的两次演讲，即类自传式的《重塑人类过去》和更客观的《变动的世界观》[9]，阐明了我如何开始把 20 世纪的思想史当作一种所有科学进化的，亦即历史的综合体。四年后，我在得克萨斯州的美国听众前详尽阐述了同一主题，这次我的思想作为《人类简史》[10]的一部分发表在《纽约书评》（2000）上，全文发表在《历史与理论》[11]上，那时我已经是该杂志的编辑委员会委员。

各处奔赴会议、撰写文章和书评没有占据我全部的时间。但是在退休期间我撰写的前四本书《阿诺德·汤因比的一生》[12]、《哈钦斯的大学：芝加哥大学回忆录（1929—1959）》[13]、《科尔布鲁克：历史概述》[14]和《祖父的故事》[15]，除了讲了我所记得并发现的帮助形塑我的思想的环境和名人之外，很少增加我的思想储备。我分别考察了汤因比和哈钦斯的事业，我对他们的评价减弱了两人的影响力，这令人痛心，我相信已经在此前提及了这点。发现我年轻时代的巨人存在致命的弱点令人大跌眼镜；发现新英格兰的城镇会议并不那么民主，即使（或者尤其）在开拓时期，是又一次的幻灭。只有贸然爬梳家族历史，这段历史缺乏文本记录，且我的个人记忆尚不能核查，我才发现了未衰颓且有价值的英雄。认识到我在爱德华王子岛的父母与麦克尼尔氏的祖父母们多么令人仰慕，也意识到我受其多少恩惠，或许有助于抵消汤因比与哈钦斯在我的评价中占据的受损了的名望。但是我想知道祖先的生活能够在多大层面上展现更全面的文献记录与更准确的信息？照目前看来，这种经过筛选的口头传承的家族历史造成的无知宽慰人心。也许，神佑者是无知者？或者我的祖先真的能够终其一生地工作与劳动，受到周围人的敬慕，亦未受个人的不济与失败的影响？谁能说得准呢？

同样在这些年我还挤出空闲写《齐力一心：人类历史上的舞蹈与训练》[16] 来阐释一些我最新异和基本的概念。这本书是《竞逐富强》主题的延展，在《竞逐富强》中我提出 17 世纪的欧洲士兵经过多次反复的训练形成了新的集体认同，作为我称之的"肌体纽带"的结果。反过来，这一观点是 1941 年我自己对密集队形操练的反应的附带结果。当我们听到一声令下在尘土飞扬的操练场上昂首阔步，保持步调一致，并时而齐声喊道"一、二、三、四"时，这种操练的空洞乏味却没有阻止我与应征入伍的同伴体验适度的精神快感。那时这种操练让我吃惊，因为它是一种热得汗流浃背同时毫无意义的消遣。我猜想我们或许无意中仿效旧石器时代先祖们的做法，他们在成功的狩猎前后都会手舞足蹈，我们是通过仪式化的有节奏的活动来模仿他们之前与之后的行为，由此加强合作、增加个人的勇气。但是我在《竞逐富强》里比较了奥兰治亲王毛里茨引入荷兰军队的新式操练模式与古典希腊、罗马做法，讨论到此为止。

不管怎么说，我觉得如果军事训练的确拥有我认为的强大的心理效应的话，那么肌体纽带现象必定是一种普遍的人类经验，这一经验的表达不能限于欧洲历史的几个世纪。1992 年我

150

被邀在剑桥三一学院李·诺里斯军事史讲坛演讲，这激发了我着手从人类过去整个范围研究这一问题。但是我专注于军事案例，没有证实普通节日舞蹈的重要性亦没有提及语言表达。

在剑桥大学发表演讲（那里的听众对我所讲的东西漠然置之）之后，约翰·古德布洛姆立刻邀请我去阿姆斯特丹，召集一帮同事聆听我演讲内容的总结。荷兰人对我讲的东西很感兴趣，也持批判态度，指出我的方法有失偏颇，且我太不了解人类进化。显而易见，我需要做更多的工作令我的假设具有说服力。

151　　于是，次年我在华盛顿做了一次长时期的访问，国会图书馆馆长詹姆斯·贝灵顿给我特许以访问他掌管下的图书馆。在那里我比之前更全面探究了人类进化、黑猩猩行为和舞蹈与舞曲的宗教符号。我接着去耶鲁与卫斯理大学图书馆做短期访问，填充了一些剩余的空白；但是《齐力一心》的定稿依然体现了探究中的不足，因为与那些论述人类进化、小规模社群节日和宗教仪式的章节相比，论述政治与战争的章节在事实和学识上更加凿凿有据。此外，该书出版不久，我与两位音乐人通信，确信在书写"肌体纽带"一章时对语言表达和音乐的情感影响轻描淡写了。

回顾撰写该书的过程，困扰我的是，几乎完全缺乏书面证据支持我的论点。情感说不清道不明，同时还传播弥漫，因而激发的情感人们完全不谈论，更遑论文字记载。我也没能发现

对行军和舞蹈产生的情感影响的科学讨论。然而，我认为，个
人作为一个群体成员强烈的团结意识——不论它多么不可言
喻——是原始人类社会一个必不可少的支柱。人类社会借此一
边保持着协作，一边增大体格，大大突破了现代黑猩猩群体达
到的极限；反之，这些扩大了的原始人类群体演变并营造出一
种环境，在这种环境下符合文法的语言，相互认同的意义以及
在现在、过去和未来交互式转移关注点的能力都开始了，类人
猿的说话者首次进化为完全形成的人类。但是这些全部是推
测！如果是真的，又是多么重要！

　　当我把文稿交到芝加哥大学出版社时，他们不客气地指出
我立论不稳。出版委员会的生物学家对我关于军事训练的热
烈情感回应厌恶至极，他憎恨训练，谴责我对知识不负责任。
出版社的编辑们磨洋工，建议我进一步校阅手稿。我认为他们
本应该对我的作品更有自信，于是放弃在这出版。当哈佛大学
出版社的教员评论者没有吹毛求疵地接受这本书时，至少委婉
地证明我是正确的。然而，又一次与芝加哥断裂关系，这次远
比 20 年前牛津大学出版社拒绝出版我推测较少的《瘟疫与人》
更使我受伤。

　　尽管本书推测鲁莽且研究不足，我确定我在基本问题上是
正确的，且肌体纽带过去是且现在依然是各色各样的人类群体
重要的支撑。我相信自己现在理解了人类交往的这一层次及其

152

在为全面清楚地表达和符合文法的言说的入门教育中起的作用，这以比之前愈加清晰的方式将我关于人类独特性和我们的历史轨迹的想法融合起来。我专注世界历史 50 年有余，它开始围绕交流网络——它维系着不计其数又时常交互重叠（和冲突的）人类群体——的概念形塑。由于人类之间交谈无休无止，我正切断真实的人类日常经验的纹理，希望通过关注交谈创造的交流网络以及经由交流网络传播的日新月异的信息来理解作为整体的人类历史状况。《西方的兴起》中越来越多的知识开始显得陈旧，构思不够充分。我一方面兴奋不已，感觉像毗斯迦山上的摩西一样在远处眺望着容易理解的世界史这一迦南应许之地。即使我们在科尔布鲁克的房子处于另一座毗斯迦山脚下，我太过年迈而没有能力再撰写一部大范围且符合最新学术动态的历史，这点我再清楚不过。

153

我的儿子约翰·罗伯特·麦克尼尔，那时是乔治城大学的历史学教授，邀我与其合作撰写"整个广域世界的简史"，恰是我们首次提交的项目，这就是当时我的心态。他为所有学科教授非洲历史，感觉他的学生需要一种方法，在世界框架内摆放他们即将研究的历史的位置。几年前，我与弗兰克·斯穆泽斯之间不愉快的合作迫使我每每谈及写书便觉应该自力更生；但是我儿子的提议非常新奇，我被邀请倍觉荣幸。此外，我有空闲时间，心中亦无其他写作计划，于是答应接手该书的前半部分，1997年开工。我为准备写作做了大量阅读的工作。耶鲁历史系慷慨地邀我做访问学者，这一身份允许我从图书馆借书，每次可以在家存阅数周。结果，我差不多可以再现在写作《西方的兴起》时使用的写作方法，即几乎很少做笔记，用摊开在我面前的引证史料做（故意少之又少的）注脚。

　　我儿子当时仍然正在完结他自己的代表作《阳光下的新事物：20世纪世界环境史》[17]，所以在他动笔写他那部分之前我已经完成了我五个章节的草稿。这样他阅读并回应我的草稿；正如被证明的结果，我们有很多争论之处。他坚决要摆脱传统的欧洲中心论，希望将欧亚—非洲地带作为一个整体来处理，而不是将其分为独立的文明，正如其所说，将人类历史变为一场竞争的文明中心之间的赛马，他认为我仍然在这么做。我受到沃勒斯坦和安德鲁·贡德·弗兰克的影响，开始意识到在欧亚非范围内跨文明的联系的确构成了一个"世界体系"，且认为我的草稿也是这么说的。但是欧亚当然不是整个世界；在欧洲航海开启全球跨洋联系之前，另外一个世界体系必定在美洲或许也在大洋洲和澳大利亚存在。因此，"世界体系"这一术语非常拙劣，显然不恰当，且在我看来还受到准马克思主义强调剥削的糟蹋，而沃勒斯坦和贡德·弗兰克将之传入到世界体系之中。

　　双方的争执于2000年2月的某个下午在得克萨斯州奥斯汀市机场里突然得以解决，当时我儿子和我在那里参加一场关

154

于如何进行世界史教学的会议。我们一边等待返回的航班，一边讨论我们的书，他突然脱口而出"人类之网"，是交流网络的简称。这种对通常运用于当代电子通讯的万维网的仿效如此有感染力、如此恰如其分，我们立即双双赞同把这一术语作为我们这本书的组织观念。我们通过进一步讨论才就如何准确修改"网络"这一术语以将其运用于不同年代和不同类型的社会问题上达成共识；但是我们花费数月才达成一致意见，然后我不得不修改全部草稿以运用我们选择的术语。同时他全神贯注于他的章节，当它们从电脑里被输出时轮到我来批评并提出修改意见。

此外，W.W. 诺顿的编辑史蒂夫·福尔曼校对了我们的稿子，改动了一些词语和句子，使其变得更简洁一些。我不习惯编辑擅改我的文章，还否决了他的一些修改，但是必须承认很多修改是更好了。我儿子也重写了我章节中的短文，所以当《人类之网：鸟瞰世界历史》[18] 最终出版时，阅读出版的文本是一次奇怪的体验。通读该书前半部分，我尽情品读有熟悉话语的篇章却只觉处处惊奇，但是反复阅读，只有个别陌生词汇和句子。总体来说，最终定稿比我之前的稿本更简明扼要。一言以蔽之，我们的书的确是合作的产物，两人均称心如意，并为我们的合作感到荣耀。

就我目前所知，出版商没有为《人类之网》做宣传，该书也没有在报纸与书面杂志上被广泛评论，除了耶鲁杰出的早期近代中国史学家史景迁发表在《纽约书评》上的一篇有共鸣但不够精辟的书评。不管怎样，我怀有一丝希望，即人类之网这一概念将风行起来，我们提出的交流模式的核心概念，随着交通和信息储存与获取的改善而变迁，让其他历史学家认为是一种比其他原有范式的解释更好地理解人类过去的方式，不管是斯宾格勒和汤因比的多种相互独立的文明；15世纪人文学者提出的古代、中世纪和现代；19世纪考古学家的石器、青铜器和铁时代；还是马克思的奴隶、农奴和雇佣劳动力。

综上所述，《人类之网》比之前接触到的书对文明进程提供了一种更敏锐、更公正的叙述。我在本科时代渐渐领会作为一个整体的人类历史，1940年在康奈尔大学第一次阅读汤因比著作时拓宽了视野，1963年写《西方的兴起》时实现了最初的学术构想。我把《人类之网》视为自己成就的合适高峰。40年后，我儿子和我编织了一部改进的、修正的、浓缩版的人类历史。其他人有权评说此书；但是我生平的雄心壮志如今已竭尽全力并心满意足地实现了。

这种自命不凡招致嘲讽、或许嫉妒。但是随着我精力的衰减，在耄耋之年这就是我的真实感受。或许把这种情感隐于内心更明智，但是正如这本回忆录所表明的，我的思想追求从不谦逊，垂暮之年的我仍然与年轻时候一样渴望了解一切。差别

156

在于我如今懂得更多，相信我终究认识到在自然平衡中人类取得非凡成功的秘诀。简而言之，每当经历使期待落空，持续不断的语言交流维系下的合作便引发困扰。反之，这将激发谨慎地修复有意识的目的和真实的进程之间的全部鸿沟，这是激发新式行为的可靠方法。结果，一旦语言投入全盘使用，大约在4万年前，人类群体开始以越来越影响深远的方式改变着周遭的世界。

未来一如既往地飘忽不定，但是人类历史的确不可思议，我们当下能够作为一个整体来看，我年轻时尚不能如此。更普遍地思考，我们的历史作为一个种类，已经演变为一种全新的进化的世界观的一部分，它将物质的、生物的人类真实联结为一个单一的流变的整体。这是20世纪至关重要的思想成就，想想我在建构它时所扮演的渺小而重要的角色，倍觉荣幸！

其他研究工作继续同步开展着。世界史研究确然开始扩散，且在美国最近已取代西方文明史作为高中生学习的美国国别史最重要的补充。自1990年以来，《世界历史杂志》能够出版一系列重要的学术文章；《世界历史在线》是新的电子杂志，旨在高中和大学的世界史教师中间传阅典范文章，2003年首次上线，前途无量。

在一群身体力行的世界史学家中，最令我钦佩的是大卫·克里斯蒂安，我与他通信有一段时间。他主要的著作是《时间地

157

图》，2004年问世。它始于大爆炸，探究了整个进化史话，正如宇宙学家、物理学家、地理学家、生物学家、考古学家和历史学家能够整合的那样。因此，《时间地图》极大地扩展并补充了我们类似但不包罗万象的成果。克里斯蒂安的书对新观察到的进化事实提供了更加完整的记录，我们的书仅部分地处理这一问题。如果该书引起适当的重视的话，可被视为今后具有里程碑意义的综合性图书。简而言之，我儿子和我就像施洗者约翰，预言大卫·克里斯蒂安的实践与思想会引发一场更伟大的革命。

＊ ＊ ＊ ＊ ＊

这些年由于自己体弱，加之妻子身体欠佳，我已经不再参加会议，也停止讲学。视线变得模糊，我也无法像过去那样阅读很多。剩下的就是目睹我的孙子们成长越来越快带来的乐趣。他们日渐提高的能力抵得上我自己对过去欢乐、成就和失败的记忆，部分记忆已经记录在此。

158

似乎把两个表面看起来相互矛盾的评论作为结尾最佳。先说第一个吧，就像我总结我的军事生涯时所感慨的，我整个人生多么非同寻常且相当碰巧地幸运。举个例子，我能回忆起自己九死一生的时刻。再比如，1951年治愈了我的肺炎的盘尼西林或许挽救了我的生命；20世纪30年代一个寒冷的夜晚，在中途岛撞到我的汽车如果开得快点的话，我必然丧命；在芝加哥和康涅狄格州之间开车时一旦我睡着了，偏离了道路，或许自己和年长的儿子将命丧黄泉，但是事故虽发生了，我们却安然逃过一劫。或许每人都会遇到类似的死里逃生，但是如果我在上述任何一种情景下丧命的话，我的人生将多么不完整！

几乎到现在我身体安康，多么幸运；拥有这等父母，多么幸运；我在芝加哥大学有一帮向其学习的学生，一群宽容我有时甚至尊重我的思想追求的同事，这是何等的礼遇。我的妻儿心甘情愿地包容我，允许我平心静气地做学术研究，多么幸福！如此幸运的人少之又少；然而，如果没有这些支持，没有我使用的图书馆等这些机构以及印刷我的书的出版商，那么我作为历史学家的事业将难以想象。

但是，有一些或许能被称之为非加尔文主义的，如人文而非神授的、预定的。为这本书搜集图片时，我偶然发现两首早已被遗忘的诗，是父亲在我出生之时题写并粘贴在我的宝宝日记里的。原文如下：

159

为吾儿预言

深邃的天空仍然低沉时你降临人间

带着使人们自由的奋斗：

你困倦的眼睛应该，在它们的时刻

观察我们恐怕从未见证的奇迹：

你娇嫩的小手应该用力紧握

古老谜团的新钥匙！

为吾儿祈祷

上帝保护你免受痛苦

也免受自愧感。

上帝送你来之不易的收获之喜悦

以及成功之荣耀。

正如这本回忆录所证实的，我事实上的确比多数人更执着地努力紧握"古老谜团的钥匙"，也获得了不仅我那一份"来之不易的乐趣"。

然而，无一人单独成就自我。和其他任何人一样，我是从出生便被纳入其中的交流网络的生物。父母的高度期待是该网络的一部分，和其他人一样，我从呱呱坠地便参与其中。人类社会延续之时总是如此。但是为达到父母的期待的压力，混合着强烈的自尊与雄心抱负，推动着我阅读、阅读、再阅读，写作、写作、再写作。因此，通过自己的选择，我的书和其他作品叠加成为人类网络范围内的印记，这种印记比大多数人紧随其离开后遗留下的瞬息印记更大、或许更经久不衰。从这一角度来说，我确实且惊奇地感觉幸运，但并非偶然。

160

注　释

第一章　孩提时代至第二次世界大战

1. 解释如下：所谓上帝就是无法设想比它更伟大或更完美的存在者。但是它作为存在者比虚无者更伟大、更完美。因此上帝必然存在。

2. 这是圣托马斯·阿奎那（St. Thomas Aquinas, 卒于 1274 年）的教义，被罗马天主教堂正式接纳。

3. William H. McNeill, Editorial, *Maroon*, 14 January 1938.

4. William H. McNeill, Editorial, *Maroon*, 27 May 1938.

5. Lynn White Jr., "Technology and Invention in the Middle Ages," *Speculum* (1940).

6. C. S. and C. S. Orwin, *The Open Fields* (London: Oxford University Press, 1938).

7. Arnold J. Toynbee, *A Study of History*, 3 vols. (London: Oxford University Press, 1934).

第二章　从基础训练到《西方的兴起》

1. William H. McNeill, *The Greek Dilemma; War and Aftermath* (Philadelphia:Lippincott, 1947).

2. William H. McNeill,"How the Potato Changed the World's History,"*Social Research 66* (Winter 1998): 67–83.

3. William H. McNeill, "Introduction of the Potato into Ireland," *Journal of Modern History* 21 (1949): 218–21.

4. Twentieth Century Fund, *Report on the Greeks* (New York: Twentieth Century Fund, 1948).

5. William H. McNeill, *The Handbook of Western Civilization* (Chicago:University of Chicago Press, 1949).

6. William H. McNeill, *America, Britain and Russia: Their Cooperation and Conflict*, 1941—1946 (London: Oxford University Press, 1953).

7. G. von Grunebaum and W. Hartner, eds., *Klassicizmus und Kulturverfall*(Frankfurt am Main:

Vittorio Klosterman, 1960).

8. Leften Stavrianos, *The Balkans since 1453* (New York: Rinehart, 1958).

9. William H. McNeill, *Arnold J. Toynbee: A Life* (New York: Oxford University Press, 1989).

10. William H. McNeill, *The Rise of the West: A History of the Human Community* (Chicago: University of Chicago Press, 1963).

11. William H. McNeill, "The Rise of the West after Twenty-five Years," *Journal of World History* 1 (1990): 1–21.

12. Marshall G. S. Hodgson, *The Venture of Islam* (Chicago: University of Chicago Press, 1974).

13. Marshall G. S. Hodgson, Rethinking World History (Cambridge: Cambridge University Press, 1993), pp. 92–93. These words come from a private letter Hodgson wrote in 1966.

14. McNeill, *The Rise of the West*, pp. 806–7.

第三章　从《西方的兴起》到《瘟疫与人》

1. Carl Sagan, ed., *Communicating with Extra-Terrestrial Intelligence*(CETI), (Cambridge, MA: MIT Press, 1973), p. 346.

2. William H. McNeill, *A World History* (New York: Oxford University Press, 1967).

3. William H. McNeill, ed., *Readings in World History*, 9 vols. (New York: Oxford University Press, 1968–73).

4. William H. McNeill, *The Ecumene: Story of Humanity* (New York:Harpers, 1973).

5. William H. McNeill, *A History of the Human Community* (Englewood Cliffs, NJ: Prentice Hall, 1986).

6. William H. McNeill, *Past and Future* (Chicago: University of Chicago Press, 1954).

7. William H. McNeill, *Europe's Steppe Frontier, 1500—1800* (Chicago:University of Chicago Press, 1964).

8. William H. McNeill, *Venice: The Hinge of Europe, 1081—1797* (Chicago:University of Chicago Press, 1974).

9. William H. McNeill, The Shape of European History (New York: Oxford University Press, 1974).

10. Roger Mols, *Introduction à la démographie historique des villes d'Europe du XIVe au XVIIIe siècle*, 3 vols. (Gambloux: Duculot, 1954—56).

11. William H. McNeill, *Greece: American Aid in Action* (New York: The Twentieth Century Fund, 1957).

12. William H. McNeill, "Dilemmas of Modernization in Greece," *Balkan Studies* 8, no. 2: 305–16.

13. William H. McNeill, *The Metamorphosis of Greece since World War II*(Chicago: University of Chicago Press, 1978).

14. William H. McNeill, *Plagues and Peoples* (New York: Doubleday,1976).

15. Alfred Crosby, *The Columbian Exchange: Biological and Cultural Consequences of 1492* (Westport, CT: Greenwood Press, 1972).

第四章 从《瘟疫与人》到退休

1. Michael Kammen, ed., *The Past Before Us: Contemporary Historical Writing in the United States* (Ithaca, NY: Cornell University Press, 1980).

2. Kammen, *Past*, p. 97.

3. Ibid., p. 112.

4. Francis Cornford, *Thucydides Mythistoricus* (London: Edward Arnold,1907).

5. William H. McNeill, "Herodotus and Thucydides: A Consideration of the Structure of Their Histories" (master's thesis, University of Chicago,1939), p. 90.

6. I published this essay in book form as *Mythistory and Other Essays*(Chicago: University of Chicago Press, 1986) and it also appeared as is customary in the American Historical Review 91 (March 1986).

7. Uno Svedin and Britt Aniansson, eds., *Surprising Futures* (Stockholm:Swedish Council for Planning and Coordination of Research, 1987), p. 51.

8. Neils Steensgaard, The Asian Trade Revolution of the Seventeenth Century (Chicago: University of Chicago Press, 1974).

9. Richard W. Bulliet, *The Camel and the Wheel* (New York: Columbia University Press, 1975).

10. William H. McNeill, "The Eccentricity of Wheels," *American Historical Review* 92 (Dec. 1987): 1111–26.

11. William H. McNeill, review of Immanuel Wallerstein, *The Modern World System: Capitalist Agriculture and the European World Economy in the 16th Century, Vol. 1* (New York: Academic Press, 1974), in *Societas* 6 (1976):1, 39–40.

12. William H. McNeill, "The Rise of the West as a Long-Term Process," in *Mythistory and Other Essays* (Chicago: University of Chicago Press, 1986),pp. 43–67.

13. Johan Goudsblom, *Fire and Civilization* (London: Allen Lane, Penguin Press, 1992).

14. Joseph Needham, *Science and Civilization in China* (Cambridge:Cambridge University Press, 1954 and following).

15. William H. McNeill and Ruth S. Adams, eds., *Human Migration: Patterns and Policies* (Bloomington, IN: Indiana University Press, 1978).

16. William H. McNeill, "Human Migration: A Historical Overview," in McNeill and Adams, *Human Migration*, pp. 3–19.

17. William H. McNeill, "Human Migration in Historical Perspective," *Population and Development Review* 10 (1984): 1–19; also published in William Alonso, ed., *Population in an Interacting World* (Cambridge, MA:Harvard University Press, 1987), pp.15–35.

18. William H. McNeill, "On National Frontiers: Ethnic Homogeneity and Pluralism," in *Small Comforts for Hard Times*, ed. Michael Mooney and Florian Stuber (New York: Columbia University Press, 1977), pp. 207–19.

19. William H. McNeill, "The Conservation of Catastrophe," *Daedalus* 48 (Winter 1989): 1–15; Francis X. Sutton, ed., *A World to Make* (New Brunswick, NJ: Transaction Publishers, 1990), pp. 1–15; William H. McNeill,*The Global Condition* (Princeton, NJ: Princeton University Press, 1992), pp.135–49.

20. William H. McNeill, *The Human Condition: An Ecological and Historical View* (Princeton: Princeton University Press, 1980).

21. William H. McNeill, *The Great Frontier: Freedom and Hierarchy in Modern Times* (Princeton: Princeton University Press, 1982).

22. William H. McNeill, *Polyethnicity and National Unity in World History* (Toronto: University of Toronto Press, 1986).

23. McNeill, *Frontier*, p. 31.

24. Walter Prescott Webb, *The Great Frontier* (Austin, TX: Texas University Press, 1964).

25. William H. McNeill, "The American War of Independence in World Perspective," in *Reconsiderations on the Revolutionary War*, ed. Don Higginbotham (Westport, CT: Greenwood Press, 1978), pp. 3–13.

26. William H. McNeill, "The Care and Repair of Public Myths," *Foreign Affairs* (Fall 1982): 1–13.

27. William H. McNeill, *The Pursuit of Power: Technology, Armed Force and Society since A.D. 1000* (Chicago: University of Chicago Press, 1982).

28. Robert Hartwell, "Markets, Technology and the Structure of Enterprise in the Development of the Eleventh-Century Chinese Iron and Steel Industry," *Journal of Economic History* 20 (1966): 29–58; Robert Hartwell, "A Cycle of Economic Change in Imperial China: Coal and Iron in Northeast China, 750–1350," *Journal of Economic and Social History of the Orient* 10 (1967): 103–59; Robert Hartwell, "Financial Expertise, Examinations and the Formulation of Economic Policy in Northern Sung China," *Journal of Asian Studies* 30 (1971): 281–314.

29. Mark Elvin, *The Pattern of the Chinese Past* (Stanford, CA: Stanford University Press, 1973).

30. Yoshinobu Shiba, *Commerce and Society in Sung China* (Ann Arbor,MI: University of Michigan Press, 1970).

第五章 在科尔布鲁克的退休时光

1. Kirkpatrick Sale, *The Conquest of Paradise: Christopher Columbus and the Columbian Legacy* (New York: Plume, 1990).

2. William H. McNeill, *"The Rise of the West* after Twenty-five Years," *Journal of World History* 1 (Spring 1990): 1–23.

3. William H. McNeill, *Population and Politics since 1750* (Charlottesville,VA: University of Virginia Press, 1990), Preface.

4. William H. McNeill, review of Ernest Gellner, *Plow, Sword and Book:The Structure of Human History* (Chicago: University of Chicago Press,1989), in *History and Theory* 29 (1990): 234–40.

5. William H. McNeill, "Fundamentalism and the World of the 1990s," in *Fundamentalism and Society: Reclaiming the Sciences, the Family and Education,* ed. Martin E. Marty and R. Scott Appleby (Chicago: University of Chicago Press, 1993), pp. 558–73.

6. William H. McNeill, *The Disruption of Traditional Forms of Nurture, Essay and Discussion* (Amsterdam: Het Spinhuis, 1998).

7. William H. McNeill, "Introductory Historical Commentary," in *The Fall of Great Powers: Peace, Stability and Legitimacy*, ed. Geir Lundestad (New York: Oxford University Press, 1994), pp. 3–23.

8. Praemium Erasmianum Foundation, *Praemium Erasmianum, 1958—1983* (Amsterdam: Stichtung Praemium Erasmianum, 1983), Foreword.

9. Subsequently published with minor changes as "History and the Scientific World View," *History and Theory* 37 (1998): 1–13.

10. William H. McNeill, "A Short History of Humanity," *New York Review of Books* 29 (June 2000): 9–11.

11. William H. McNeill, "Passing Strange: The Convergence of Evolutionary Science with Scientific History," *History and Theory* 40 (2001): 1–15.

12. McNeill, *Toynbee.*

13. William H. McNeill, *Hutchins' University: A Memoir of the University of Chicago, 1929—1959* (Chicago: University of Chicago Press, 1991).

14. William H. McNeill, *Colebrook: An Historical Sketch* (Colebrook:Colebrook Historical Society, 1996).

15. William H. McNeill, *Grandfather Stories* (Privately printed, 1996).

16. William H. McNeill, *Keeping Together in Time: Dance and Drill in Human History* (Cambridge, MA: Harvard University Press, 1995).

17. John Robert McNeill, *Something New Under the Sun: An Environmental History of the Twentieth-Century World* (New York: W. W. Norton,2000).

18. William H. McNeill and John Robert McNeill, *The Human Web: A Bird's-Eye View of World History* (New York: W. W. Norton, 2003).

威廉·麦克尼尔的作品

（著作按出版时间排序，文章分以主题按字母排序。）

专著和编著

1947   *The Greek Dilemma; War and Aftermath*. Philadelphia: Lippincott.

1948   *History Handbook of Western Civilization*. Chicago: University of Chicago Press. (6th ed. published 1986.)

1948   *Report on the Greeks*. New York: Twentieth Century Fund.

1953   *America, Britain and Russia: Their Cooperation and Conflict, 1941—1946*. London: Oxford University Press.

1954   *Past and Future*. Chicago: University of Chicago Press.

1957   *Greece: American Aid in Action, 1947—56*. New York: Twentieth Century Fund.

1963   *The Rise of the West: A History of the Human Community*. Chicago: University of Chicago Press. (Rev. ed. published 1991.)

1964   *Europe's Steppe Frontier, 1500—1800*. Chicago: University of Chicago Press.

1967   *A World History*. New York: Oxford University Press. (4th ed. published 1999.)

1967   *The Contemporary World: 1914—Present*. Glenview, IL: Scott, Foresman. (Rev. ed. published 1975.)

1967   Acton, John Emerich Edward Dalberg, Baron. *Essays in the Liberal Interpretation of History: Selected Papers*. Edited by William H.McNeill. Chicago: University of Chicago Press.

1968—73   McNeill, William H., Jean W. Sedlar, and others, eds. *Readings in World History*. 10 vols. New York: Oxford University Press.

1970   McNeill, William H., Sir Herbert Butterfield and Cho Yun Hsu. *On Chinese and World History*. Hong Kong: Chinese University of Hong Kong.

1973　*The Ecumene: Story of Humanity*. New York: Harpers.

1973　McNeill, William H., and Marilyn Robinson Waldman, eds. *The Islamic World*. Chicago: University of Chicago Press. (2nd ed. published 1983.)

1974　*The Shape of European History*. New York: Oxford University Press.

1974　*Venice: The Hinge of Europe, 1081—1797*. Chicago: University of Chicago Press.

1976　*Plagues and Peoples*. Garden City, NY: Anchor Press. (Rev. ed. published 1989.)

1978　*The Metamorphosis of Greece since World War II*. Chicago: University of Chicago Press.

1978　McNeill, William H., and Ruth S. Adams, eds. *Human Migration:Patterns and Policies*. Bloomington, IN: Indiana University Press.

1980　*The Human Condition: An Ecological and Historical View*. Princeton,NJ: Princeton University Press.

1982　*The Pursuit of Power: Technology, Armed Force and Society since A.D.1000*. Chicago: University of Chicago Press.

1983　*The Great Frontier: Freedom and Hierarchy in Modern Times*. Princeton,NJ: Princeton University Press.

1986　*Mythistory and Other Essays*. Chicago: University of Chicago Press.

1986　*Polyethnicity and National Unity in World History*. Toronto: University of Toronto Press.

1986　*A History of the Human Community: Prehistory to the Present*.Englewood Cliffs, NJ: Prentice-Hall. (6th ed. published 1998.)

1989　*The Age of Gunpowder Empires, 1450—1800*. Washington, DC:American Historical Association.

1989　*Arnold J. Toynbee: A Life*. New York: Oxford University Press.

1990　*Population and Politics since 1750*. Charlottesville: University Press of Virginia.

1991　*Hutchins' University: A Memoir of the University of Chicago, 1929—1950*. Chicago: University of Chicago Press.

1992　*The Global Condition: Conquerors, Catastrophes, and Community*.Princeton, NJ: Princeton University Press.

1995　*Keeping Together in Time: Dance and Drill in Human History*. Cambridge,MA: Harvard University Press.

1998　*The Disruption of Traditional Forms of Nurture: Essay and Discussion*.Amsterdam: Het Spinhuis.

2003　McNeill, William H., and J. R. McNeill. *The Human Web: A Bird's-Eye View of World History*. New York: W. W. Norton.

2005　*The Pursuit of Truth: A Historian's Memoir*. Lexington, KY: University Press of Kentucky.

论文和书评

公共事务（Public Affairs）

"The Care and Repair of Public Myth." *Foreign Affairs* 61 (1982): 1–13.

"Fundamentalism and the World of the 1990s." In *Fundamentalism and Society*,ed. Martin E. Marty and Scott Appleby, 553–73. Chicago: University of Chicago Press, 1993.

"Multiculturalism in History: An Imperative of Civilization." *Orbis*, fall 1999, 541–51.

"The Peasant Revolt of Our Times." In *Changing Perspectives on Man*, ed.Ben Rothblatt, 229–42. Chicago: University of Chicago Press, 1968.

"Winds of Change." In *Sea Change: American Foreign Policy in a World Transformed*, ed. Nicholas Rizopoulos, 163–203. New York: Center on Foreign Relations Press, 1998.

世界历史（World History）

"The Changing Shape of World History." *History and Theory* 34 (1995): 8–26.

"A Defense of World History." *Transactions of the Royal Historical Society*,1982, 75–89.

"How to Think about World History." Preface in *The World System*, ed.Andre Gunder Frank and Barry Gills. London: Routledge, 1993.

"Organizing Concepts for World History." *Review: Fernand Braudel Center,SUNY* 10 (1986): 211–29.

"*The Rise of the West* after Twenty-five Years." *Journal of World History* 1(1990): 1–12.

"World History and the Rise and Fall of the West," *Journal of World History* 9 (1998): 215–36.

社会理论（Social Theory）

"The Biological Basis of Human History." *Perspectives in Biology and Medicine* 46 (2003): 371–82.

"Control and Catastrophe in Human Affairs." *Daedalus* 48 (1989): 1–12.

"History and the Scientific World View." *History and Theory* 37 (1998): 1–13.

"Mythistory, or Truth, Myth, History and Historians." *American Historical Review* 91 (1986): 1–10.

历史修正主义（Historical Revisionism）

"The American War of Independence in World Perspective." In *Reconsiderations on the Revolutionary War*, ed. Don Higginbotham, 3–13.Westport, CT: Greenwood Press, 1978.

"The Eccentricity of Wheels, or Eurasian Transportation in Historical Perspective." *American Historical Review* 92 (1987): 1111–26.

"European Expansion, Power and Warfare since 1500." In *Imperialism and War*, ed. J. A. DeMoor and H. L. Wesseling, 12–21. Leiden: E. J. Brill,1989.

"How the Potato Changed World History." *Social Research* 66 (1998): 67–83.

"Infectious Alternatives: The Plague That Saved Jerusalem, 701 B.C." In *What If?*, ed. Robert Crowley, 1–12. New York: G. P. Putnam's Sons,1999.

"Information and Transport Nets in World History." In *World System History*,ed. Robert
　　Denemark, et al., 203–215. London: Routledge, 2000.
"Introductory Historical Commentary." In *The Fall of Great Powers: Peace,Stability, and
　　Legitimacy*, ed. Geir Lundestad, 3–22. Oslo, Norway:Scandinavian University Press, 1994.
"Men, Machines and War." In *Men, Machines and War*, ed. Ronald Haycock and Keith Neilson, 1–
　　20. Waterloo, Ontario: Wilfred Laurier University Press, 1988.
"On National Frontiers: Ethnic Homogeneity and Pluralism." In *Small Comforts for Hard Times*,
　　ed. Michael Mooney and Florence Stuber,207–19. New York: Columbia University Press, 1977.

人口与移民（Population and Migration）

"Human Migration in Historical Perspective." *Population Development Review*10 (1984): 1–18.
"The Repopulation of the Americas in Historical Perspective." *International Journal of
　　Population Geography* 9 (2003): 83–91.

大学与求知（Universities and Learning）

"Trends in Scholarship in the Social Sciences." In *Rededication to Scholarship*,ed. James K.
　　Robinson, 35–45. Cincinnati: University of Cincinnati,1980.
"The University and the History of Ideas." In *The Mission of the University*.Kingston, Ontario:
　　Queen's University, n.d., 14–23.

书评和历史学者评介（Book Reviews and Appraisals of Individual Historians）

"Basic Assumptions of Toynbee's *A Study of History*." In *The Intent of Toynbee's History: A
　　Cooperative Appraisal,* ed. Edward Gargan. Chicago: Loyola University Press, 1961.
"A Cartesian Historian." Review of *The Struggle for Mastery in Europe,1848—1918*, by A. J. P.
　　Taylor. *World Politics* 8 (1955): 124–33.
"Fernand Braudel, Historian." *Journal of Modern History* 73 (2000): 233–46.
"Toynbee Revisited." In *Adventures with Britannia: Personalities, Politics and Culture in
　　Britain*, ed. Wm. Roger Louis. London: I. B. Tauris,1995

索　引

（译者按：条目后的数字指原书页码，即本书边码）

译后记

　　翻译此书之有可能，端赖浙江大学出版社北京启真馆编辑张兴文的推荐。译者硕士期间的专业是全球史，对麦克尼尔较为了解，因此能够翻译此书是一件非常荣幸的事情。

　　历经半年翻译，首先感谢我的导师刘文明教授耐心审阅全文，对一些专业术语和翻译问题给予纠正，并写了《全球史的奠基者威廉·麦克尼尔》。其次，感谢威廉·麦克尼尔的儿子约翰·麦克尼尔，对我提出的很多细节问题，他通过邮件热情地给予解答，并撰写了中文版序言。最后，还要感谢本书的文字编辑赵波。对于其他提供帮助的朋友，在此一并深表谢意。因为水平有限，译文中遗留下的错误由我自己负责。同时敬请读者批评指正。

高照晶

2015 年 3 月 12 日

图书在版编目（CIP）数据

追求真理：威廉·麦克尼尔回忆录／（美）麦克尼
尔（McNeill，W.H.）著；高照晶译．—杭州：浙江大
学出版社，2015.9
书名原文：The Pursuit of Truth: A Historian's
Memoir
ISBN 978-7-308-15106-1

I.①追…Ⅱ.①麦… ②高…Ⅲ.①麦克尼尔-回
忆录 Ⅳ.①K837.125.8

中国版本图书馆CIP数据核字（2015）第209483号

追求真理：威廉·麦克尼尔回忆录

[美] 威廉·麦克尼尔 著 高照晶 译

责任编辑	王志毅
文字编辑	赵 波
装帧设计	卿 松
出版发行	浙江大学出版社
	（杭州天目山路148号 邮政编码310007）
	（网址：http://www.zjupress.com）
制 作	北京大观世纪文化传媒有限公司
印 刷	北京中科印刷有限公司
开 本	880mm×1230mm 1/32
印 张	7
字 数	186千
版 印 次	2015年9月第1版 2015年9月第1次印刷
书 号	ISBN 978-7-308-15106-1
定 价	36.00元